教師を目指す人たちのための

生徒指導・教育相談

望月 由起＋劉 麗鳳 編著

学事出版

ま え が き

2022年12月、「生徒指導に関する学校・教職員向けの基本書」である『生徒指導提要』が12年ぶりに改訂された。生徒指導の基本的な考え方や取組の方向性等を再整理し、今日的な課題に対応していくことを目的とした大幅な改訂である。

この10余年をみても、学校や児童生徒を取り巻く環境は大きく変化し、生徒指導上の課題への対応はより一層難しくなっている。また児童生徒には、予測困難な変化や急速に進行する多様化に対応することが期待されている。こうした状況において、生徒指導に関連する法案が次々と施行されるとともに、児童生徒が成長した後の社会を見据えた教育政策の転換も推進されており、生徒指導の概念や取組を問い直すことが喫緊の課題となっている。

また改訂された『生徒指導提要』では、教育相談を「現代の児童生徒の個別性・多様性・複雑性に対応する生徒指導の中心的な教育活動」と位置づけている。さらに言えば、生徒指導と教育相談が一体となって、未然防止、早期発見、早期支援・対応、事案の改善・回復、再発防止までを一貫する支援に重点を置くような、チームとしての支援体制をつくることも求めている。

そこで本書では、この新たな『生徒指導提要』の構成や内容に沿いながら、生徒指導と教育相談を併せて1冊のテキストとしてまとめることにした。本書は、教師を目指す学生を主たる読者として想定している。そのため、学生の学びの場やスタイルを意識して、各章では、個人やグループに対する問い（課題）を「考えてみよう」として提示したり、関連する書籍や政策文書等を「読んでみよう」として紹介している。

本書を通じて、生徒指導や教育相談、ひいては日本の学校教育について、読者の皆様の視野を広げ、関心を高め、理解を深めることができれば幸いである。

2024年2月

著者を代表して　望月 由起

教師を目指す人たちのための
生徒指導・教育相談
もくじ

生徒指導の基礎

望月 由起

学校や児童生徒を取り巻く環境は大きく変化し、生徒指導上の課題への対応はより一層難しくなっている。生徒指導に関連する法律が次々と施行されるとともに、教育政策の転換が推し進められており、生徒指導の概念や取組の問い直しも必要になっている。

本章では、「生徒指導に関する基本書」であり、本書全体の構成や内容と大きく関わる『生徒指導提要』について説明した上で、2022年に12年ぶりに改訂された『生徒指導提要』の第1章「生徒指導の基礎」の内容を中心に、生徒指導の定義や目的、意義、構造、留意点等を示していく。

1 生徒指導に関する基本書『生徒指導提要』

まずは、本書全体の構成や内容と大きく関わる『生徒指導提要』について、その活用方法も含めて示しておきたい。

（1）『生徒指導提要』とは

『生徒指導提要』とは、「小学校段階から高等学校段階までの生徒指導の理論・考え方や実際の指導方法等について、時代の変化に即して網羅的にまとめ、生徒指導の実践に際し教職員間や学校間で共通理解を図り、組織的・体系的な取組を進めることができるよう、生徒指導に関する学校・教職員向けの基本書」として、文部科学省が作成するガイドラインである。文部省が1965年に作成した『生徒指導の手びき』、1981年に改訂した『生徒指導の手引』をその源流としている。

2010年に作成された『生徒指導提要』では、生徒指導の定義や目的について、以下のように示している（文部科学省、2010、1ページ）。

> 生徒指導とは、一人一人の児童生徒の人格を尊重し、個性の伸長を図りながら、社会的資質や行動力を高めることを目指して行われる教育活動のことです。すなわち、生徒指導は、すべての児童生徒のそれぞれの人格の

> よりよき発達を目指すとともに、学校生活がすべての児童生徒にとって有意義で興味深く、充実したものになることを目指しています。

その上で、以下のように、生徒指導の意義や概念、「いかに児童生徒を指導するか」といったあり方を示している（文部科学省、2010、1ページ）。

> 生徒指導は学校の教育目標を達成する上で重要な機能を果たすものであり、学習指導と並んで学校教育において重要な意義を持つものと言えます。
>
> 各学校においては、生徒指導が、教育課程の内外において一人一人の児童生徒の健全な成長を促し、児童生徒自ら現在及び将来における自己実現を図っていくための自己指導能力の育成を目指すという生徒指導の積極的な意義を踏まえ、学校の教育活動全体を通じ、その一層の充実を図っていくことが必要です。

（2）『生徒指導提要』の改訂

1）改訂の背景

この『生徒指導提要』を公表後、学校や児童生徒を取り巻く環境は大きく変化しており、生徒指導上の課題への対応はより一層難しくなっている。

こうした状況を背景に、「いじめ防止対策推進法」（2013年）、「義務教育の段階における普通教育に相当する教育の機会の確保等に関する法律（略称「教育機会確保法」）」（2017年）、「こども基本法」（2023年）等、生徒指導に関連する法律が次々と施行されている。

また、学習指導要領の改訂（小学校・中学校は2017年告示、高等学校は2018年告示）や、中央教育審議会による答申「「令和の日本型学校教育」の構築を目指して〜全ての子供たちの可能性を引き出す、個別最適な学びと、協働的な学びの実現〜」（2021年）など、児童生徒の成長後の社会を見据えた教育政策の転換も推し進められている。

2）デジタルテキストとして改訂

こうした流れを受け、2021年7月、生徒指導の基本的な考え方や取組の方向

性等を再整理し、今日的な課題に対応すべく、「生徒指導提要の改訂に関する協力者会議」が設置された。そこでの議論等をふまえ、2022年12月に、『生徒指導提要』が12年ぶりに大幅に改訂されている。

これは文部科学省のホームページから誰でもダウンロードできるデジタルテキストとして作成されており、**図1-1**のように、記載内容の参考となる法令、通知、ガイドライン等の名称にリンクを貼り、当該法令等が閲覧できる外部サイトに飛べるように設定されている。

ほかにも、「文章中の専門用語等特定の単語は青字にし、後ろに付記した数字をクリックすると脚注に飛び、用語の解説を確認できること」「デジタルテキスト内で語句検索を行うこと」「索引から各用語の関連ページに飛ぶこと」などが可能となり、300ページに及ぶボリュームではあるが、教員に限らず誰でも活用しやすくなっている。

3）目次構成

改訂された『生徒指導提要』（以下、『生徒指導提要（改訂版）』とする）は、総論を扱う第Ⅰ部「生徒指導の基本的な進め方」と、各論を扱う第Ⅱ部「個別の課題に対する生徒指導」の二部構成となっている。

図1-1　改訂された『生徒指導提要』の使い方例

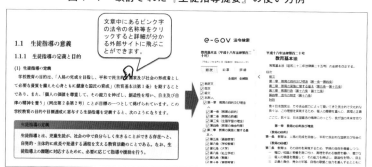

文部科学省『生徒指導提要（改訂版）』の「デジタルテキストの活用ガイド」5ページより転載

図1-2　『生徒指導提要（改訂版）』の目次構成

文部科学省『生徒指導提要（改訂版）』の「デジタルテキストの活用ガイド」2ページより転載

　第Ⅰ部では、生徒指導の意義や構造、教育課程との関係、生徒指導を支える組織体制等を整理し、続く第Ⅱ部では、各個別課題について、関連法規や対応の基本方針に照らしながら、未然防止や早期発見・対応といった観点から、指導にあたっての基本的な考え方や留意事項等を示している（**図1-2**参照）。

2 生徒指導の意義

　以下では、『生徒指導提要（改訂版）』の第1章「生徒指導の基礎」の要点や具体的な内容を中心に取り上げながら、生徒指導の意義等について示していく。

（1）生徒指導の定義と目的

　以下は、『生徒指導提要（改訂版）』における生徒指導の定義である（文部科学省、2022、12ページ）。

生徒指導とは、児童生徒が、社会の中で自分らしく生きることができる存在へと、自発的・主体的に成長や発達する過程を支える教育活動のことである。なお、生徒指導上の課題に対応するために、必要に応じて指導や援助を行う。（下線筆者）

　下線部のように、児童生徒を主語として定義づけている点は、特筆すべきであろう。従来の『生徒指導提要』では、教職員が「いかに児童生徒を指導するか」といった生徒指導のあり方に重点を置き、児童生徒はその指導を受ける対象という位置づけであった。しかし今回の改訂では、児童生徒自身が成長や発達をする主体であり、教職員はその主体性を尊重しながら、児童生徒の成長や発達を「支える」存在であることが強調されている。

　また、生徒指導を「児童生徒が自身を個性的存在として認め、自己に内在しているよさや可能性に自ら気付き、引き出し、伸ばすと同時に、社会生活で必要となる社会的資質・能力を身に付けることを支える働き（機能）」（文部科学省、2022、12ページ）とみなし、従来の『生徒指導提要』と同様に、学校の教育目標を達成する上で、学習指導と並んで重要な意義をもつことも明示している。

　その上で、以下のように生徒指導の目的を示し（文部科学省、2022、13ページ）、その達成のためには、児童生徒の自己指導能力[1]の獲得が重要であることも強調している。

生徒指導は、児童生徒一人一人の個性の発見とよさや可能性の伸長と社会的資質・能力の発達を支えると同時に、自己の幸福追求と社会に受け入れられる自己実現を支えることを目的とする。

（2）生徒指導の実践上の視点（留意点）

　生徒指導を実践する際に留意すべき視点として、『生徒指導提要（改訂版）』では、かねてより着目している「自己存在感の感受」「共感的な人間関係の育成」「自己決定の場の提供」に加えて、「安全・安心な風土の醸成」を挙げてい

る。それぞれの要点は、以下のとおりである（文部科学省、2022、14〜15ページ参照）。

１）自己存在感の感受

　集団に個が埋没しないように、学校生活のあらゆる場面で、「自分も一人の人間として大切にされている」という自己存在感を、児童生徒が実感することが大切である。ありのままの自分を肯定的に捉える自己肯定感や、他者のために役立った、認められたという自己有用感を育むことも重要である。

２）共感的な人間関係の育成

　支持的で創造的な学級・ホームルームづくりが、生徒指導の土台となる。そのためには、自他の個性を尊重し、相手の立場に立って考え、行動できる相互扶助的で共感的な人間関係をいかに早期に創りあげるかが重要となる。

３）自己決定の場の提供

　児童生徒が自己指導能力を獲得するには、自ら考え、選択し、決定する、あるいは発表する、制作する等の体験が重要である。自己決定の場を広げるためには、「主体的・対話的で深い学び」の実現に向けた授業改善が求められる。

４）安全・安心な風土の醸成

　お互いの個性や多様性を認め合い、安心して授業や学校生活が送れるような風土を、教職員の支援の下で、児童生徒自らがつくり上げるようにすることが大切である。そのためには、教職員による児童生徒への配慮に欠けた言動、暴言や体罰等が許されないことは言うまでもない。

3　生徒指導の構造

（1）生徒指導の「２軸３類４層構造」

　従来の『生徒指導提要』では、生徒指導の目的という観点から、「成長を促す指導」「予防的な指導」「課題解決的な指導」の３つに生徒指導を分類していた。

　『生徒指導提要（改訂版）』では、従来の分類をさらに発展させ、児童生徒の

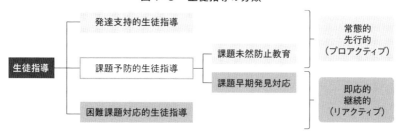

図1-3　生徒指導の分類

課題への対応を時間軸、課題性の高低、対象者などの観点から、**図1-3**のように生徒指導を分類している。

　それぞれの分類についての要点は、以下のとおりである（文部科学省、2022、18〜23ページ参照）。

1）生徒指導の2軸（課題への対応の時間軸）

　「常態的・先行的（プロアクティブ）生徒指導」と「即応的・継続的（リアクティブ）生徒指導」の2軸で分類される。

　日常の指導や、未然防止を目的とした組織的・計画的な指導は、積極的な先手型の「常態的・先行的（プロアクティブ）生徒指導」に当たる。それに対して、課題の予兆的段階や初期状態における指導・援助や、深刻な課題への切れ目のない指導・援助は、事後対応型の「即応的・継続的（リアクティブ）生徒指導」に当たる。

2）生徒指導の3類（課題性の高低と課題への対応の種類）

　「発達支持的生徒指導」「課題予防的生徒指導」「困難課題対応的生徒指導」の3類で分類される。

　「発達支持的生徒指導」は、課題性が低く、全ての児童生徒の発達を支えるような指導である。「課題予防的生徒指導」には、全ての児童生徒を対象とした「未然防止教育」と、前兆行動が見られるような児童生徒を対象とした「課題の早期発見と対応」が含まれる。「困難課題対応的生徒指導」では、課題性が高い（深刻な課題を抱えている）ような特定の児童生徒への指導・援助を行

う。

３）生徒指導の４層

　図1-4は、上記の分類に加えて、「発達支持的生徒指導」「課題予防的生徒指導：課題未然防止教育」「課題予防的生徒指導：課題早期発見対応」「困難課題対応的生徒指導」の４層から成る生徒指導の重層的支援構造を示している。従来の『生徒指導提要』で示されていた「成長を促す指導」を、「発達支持的生徒指導」と「課題予防的生徒指導：課題未然防止教育」に分けている。

①発達支持的[2]生徒指導（第１層）

　全ての児童生徒を対象に、学校の教育目標の実現に向けて、教育課程内外の全ての教育活動にて進められる生徒指導の基盤となるものである。児童生徒が自発的・主体的に自らを発達させていくことを尊重し、「発達の過程をいかに支えていくか」という視点から、児童生徒の個性の発見、良いところや可能性の伸長、社会的資質・能力の発達を支えるように働きかけることが求められる。

　日々の児童生徒への挨拶、声かけ、励まし、賞賛、対話、及び、授業や行事等を通した個と集団への働きかけが大切になる。学習指導と関連付けて、働きかけを行うことも重要である。

②課題予防的生徒指導：課題未然防止教育（第２層）

　課題予防的生徒指導は、課題未然防止教育と課題早期発見対応から構成されている。

　課題未然防止教育では、全ての児童生徒を対象に、生徒指導の諸課題の未然防止をねらいとした、いじめ防止教育、薬物乱用防止教育、情報モラル教育等の意図的・組織的・系統的な教育プログラムを実施する。生徒指導部を中心に、スクールカウンセラー等の専門家等の協力も得ながら、年間指導計画に位置付け、実践することが重要である。

③課題予防的生徒指導：課題早期発見対応（第３層）

　課題早期発見対応では、生徒指導の諸課題の予兆行動が見られたり、問題行動のリスクが高まっているような一部の児童生徒を対象に、深刻な問題に発展

しないように、初期の段階で諸課題を発見して対応を行う。

　早期発見では、アンケートのような質問紙に基づくスクリーニングテストや、スクールカウンセラーやスクールソーシャルワーカー等を交えたスクリーニング会議によって気になる児童生徒を早期に発見し、指導や援助につなげることが重要である。

　早期対応では、主に学級・ホームルーム担任が生徒指導主事等と協力し、機動的連携型支援チームで対応する。問題によっては、校務分掌等を超えて協働する校内連携型支援チームを速やかに編成し、対応することが望まれる。

④困難課題対応的生徒指導（第４層）

　いじめ、不登校、少年非行、児童虐待など特別な指導・援助を必要とする特定の児童生徒を対象に進められる生徒指導である。ネットワーク型支援チームを編成して、校内の教員、スクールカウンセラー、スクールソーシャルワーカー等だけでなく、校外の教育委員会、警察、病院、児童相談所、ＮＰＯ等の関係機関との連携・協働による対応を行う。

　児童生徒の個人の性格や社会性、学習障害・注意欠陥多動性障害・自閉症などの発達障害といった「個人的要因」、児童虐待・家庭内暴力・家庭内の葛藤・経済的困難などの「家庭的要因」、友人間での「人間関係に関する要因」など、

図1-4　生徒指導の重層的支援構造

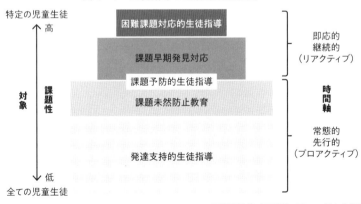

文部科学省（2022）19ページより転載

さまざまな要因が背景にあることを十分に理解する必要がある。

（2）生徒指導の円環的な関係

　学校教育現場は、緊急のケースも含め、生徒指導上のさまざまな課題への対応に追われている。しかし対処療法的な対応だけでは、児童生徒の健全な成長を図ることはできず、教育本来の機能を果たしているとはいえない。

　『生徒指導提要（改訂版）』では、「発達支持的生徒指導」を生徒指導の基盤と捉えている。髙橋（2023）は、「これからの生徒指導は目前の課題に対応する問題解決的な指導だけでなく、「積極的な生徒指導」を充実させ、児童生徒のよさや可能性の伸長を支える視点に立った取組が必要であることがあらためて強調された」（12ページ）と指摘している。

　2023年6月に閣議決定された「教育振興基本計画」においても、「目標2　豊かな心の育成」の基本施策の一つに「発達支持的生徒指導の推進」が掲げられ、改めて、発達支持的生徒指導の側面に重点を置いた働きかけを重要視している。

　こうした働きかけを推し進める際には、「発達支持的生徒指導や課題予防的生徒指導（課題未然防止教育）の在り方を改善していくことが、生徒指導上の諸課題の未然防止や再発防止につながり、課題早期発見対応や困難課題対応的生徒指導を広い視点から捉え直すことが、発達支持的生徒指導につながるという円環的な関係にある」（文部科学省、2022、23ページ）ことに留意する必要がある。

4　生徒指導の取組上の留意点

　これからの学校には「全ての子供たちが安心して楽しく通える魅力ある環境であることや、これまで以上に福祉的な役割や子供たちの居場所としての機能を担うこと」（中央教育審議会、2021）が求められており、学校における生徒指導の役割はますます重要になるだろう。

　『生徒指導提要（改訂版）』では、「生徒指導の取組上の留意点」として、以

下の４つの点を挙げている（文部科学省、2022、32〜38ページ参照）。

１）教職員の児童の権利に関する条約についての理解

　東・伊東（2023）は、『生徒指導提要（改訂版）』に対して、「「児童生徒理解」に加え、「児童生徒の権利の理解」へと踏み込んだところが今回の改訂の特徴」（306ページ）と指摘している。

　日本は、1994年に「児童の権利に関する条約（略称「子どもの権利条約」）」に批准している。この条約では、児童生徒の基本的人権に十分配慮し、一人一人を大切にした教育が行われることを求めているが、日本の学校教育現場に十分に浸透しているかは疑問視されてきた。

　今後、生徒指導を実践する上で、この条約で示されている「児童生徒に対するいかなる差別もしないこと」（第２条）、「児童生徒にとって最もよいことを第一に考えること」（第３条）、「児童生徒の命や生存、発達が保障されること」（第６条）、「児童生徒は自由に自分の意見を表明する権利を持っていること」（第12条）という原則を理解しておく必要がある。

　また2023年４月に、子どもの権利を保障する総合的な法律である「こども基本法[3]」が施行されている。この基本理念の趣旨等についても、「児童の権利に関する条約」とともに理解をしておくことが求められる。

２）ＩＣＴを活用した生徒指導の推進

　令和の日本型学校教育の実現に向けて、ＧＩＧＡスクール構想をふまえたＩＣＴの活用が求められている。生徒指導においても、ＩＣＴを活用することにより、「データを用いた生徒指導と学習指導との関連づけ」「悩みや不安を抱える児童生徒の早期発見・対応」「不登校児童生徒等への支援」のような教育効果が期待されている。

　ＩＣＴを最大限活用していくことは望ましいが、あくまで基盤的なツールとしての活用であり、活用自体を目的としないことには留意が必要である。

３）幼児教育と小学校教育との円滑な接続

　生徒指導の観点から見ても、幼児教育の成果が小学校教育へと引き継がれ、子どもの発達や学びが連続するようにすることは重要である。

　そのためには、幼稚園・保育所・認定こども園と小学校の教職員が、園長と校長のリーダーシップのもと、幼児と児童の交流だけでなく、幼児教育や小学校教育の課題や「幼児期の終わりまでに育ってほしい姿[4]」等を相互理解し、幼児教育と小学校教育の円滑な接続について協働して考えていく必要がある。

4）児童生徒の社会的自立に向けた取組

　民法の改正によって、生徒の自立が制度的に前倒しとなる部分がある一方で、社会的自立が困難な状況にある若者の存在が課題となっている。

　生徒指導には、学校の教育活動全体を通じて、児童生徒の社会的自立に向けた働きかけを行うことが求められるが、学校内で完結するものではなく、卒業や中途退学、進路変更などに伴って終了するものでもない。

　日頃から児童生徒の社会的自立に向けた支援を行うとともに、生涯を見通したキャリア（ライフキャリア）教育や適切な進路指導を行うことも大切である。また必要な場合には、就労支援事業所や子ども・若者相談機関などにつなぐことも求められる。

コラム　教員のメンタルヘルスと生徒指導

　家庭や地域を取り巻く環境の変化や、過剰ともいえるような期待や要望もあり、学校に委ねられる"業務"の拡がりや深まりが顕著に見られる。その結果、「直面する様々な課題に対応するため、教師は教育に携わる喜びを持ちつつも疲弊しており、国において抜本的な対応を行うことなく日本型学校教育を維持していくことは困難であると言わざるを得ない。」（中央教育審議会、2021）ような状況となっている。

　図1-5は、公立学校の教育職員[5]の精神疾患による病気休職者数の推移である。令和3（2021）年度の精神疾患による病気休職者数は、過去最多になっている。

　生徒指導に当たる上で、教員のメンタルヘルスの維持が重要であることは言うまでもない。生徒指導には万能な解決方法はなく、ベテランの教員でも、迷

図1-5　教育職員の精神疾患による病気休職者数

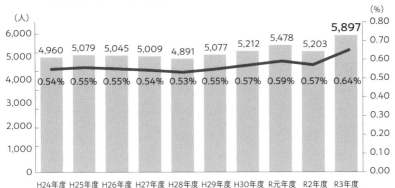

文部科学省「令和３年度公立学校教職員の人事行政状況調査について（概要）」２ページより転載

いや不安を抱きながら対応することはあるだろう。特に、課題性や緊急性が高い対応に当たる場合には、プレッシャーやストレスも大きいに違いない。

『生徒指導提要（改訂版）』においても、「生徒指導では、未経験の課題性の高い対応を迫られることがあります。自分の不安や困り感を同僚に開示できない、素直に助けてほしいと言えない、努力しているが解決の糸口が見つからない、自己の実践に肯定的評価がなされない等により、強い不安感、焦燥感、閉塞感、孤立感を抱き、心理的ストレスの高い状態が継続することがあります。この状態が、常態化するとバーンアウト（燃え尽き症候群）のリスクが高まります。」（文部科学省、2022、29ページ）と警鐘を鳴らしている。

近年、教職員や専門スタッフ等で組織的に生徒指導に当たることも期待されているが、それは児童生徒のためだけでなく、教員にとっても効果的である。児童生徒だけでなく、教員であっても、「不安だ、困っている、助けてほしい…」と思ったときには、一人で抱え込まずに声にすること、そしてそのハードルを低くするような環境づくりが大切である。

【注】

1）児童生徒が、深い自己理解に基づき、「何をしたいのか」、「何をするべきか」、主体的に問題や課題を発見し、自己の目標を選択・設定して、この目標の達成のため、自発的、自律的、かつ、他者の主体性を尊重しながら、自らの行動を決断し、実行する力。（文部科学省、2022、13ページ）

2）「発達支持的」は、児童生徒に向き合う際の基本的な立ち位置を示している。（文部科学省、2022、20ページ）

3）第1条にて、「日本国憲法及び児童の権利に関する条約の精神にのっとり、次代の社会を担う全てのこどもが、生涯にわたる人格形成の基礎を築き、自立した個人としてひとしく健やかに成長することができ、こどもの心身の状況、置かれている環境等にかかわらず、その権利の擁護が図られ、将来にわたって幸福な生活を送ることができる社会の実現を目指して、こども施策を総合的に推進すること」と、その目的を示している。

4）具体的には、①健康な心と体、②自立心、③協同性、④道徳性・規範意識の芽生え、⑤社会生活との関わり、⑥思考力の芽生え、⑦自然との関わり・生命尊重、⑧数量や図形、標識や文字等への関心・感覚、⑨言葉による伝え合い、⑩豊かな感性と表現　を挙げている。（文部科学省、2022、36～37ページ）

5）公立の小学校、中学校、義務教育学校、高等学校、中等教育学校、特別支援学校における校長、副校長、教頭、主幹教諭、指導教諭、教諭、養護教諭、栄養教諭、助教諭、講師、養護助教諭、実習助手及び寄宿舎指導員（総計919,922人（令和3年5月1日現在）。

？考えてみよう

1．2010年に『生徒指導提要』が作成された時代と、2022年に『生徒指導提要』が改訂された時代を比較して、学校や児童生徒を取り巻く環境などの相違点について、さまざまな視点から考えてみよう。

2．学校生活の中で、児童生徒が「自分も一人の人間として大切にされている」という自己存在感を実感する場面を具体的に考えてみよう。

3．これまで自分が受けてきた生徒指導について、「2軸3類4層構造」の視点から振り返ってみよう。

📋 読んでみよう

1. 中央教育審議会「「令和の日本型学校教育」の構築を目指して〜全ての子供たちの可能性を引き出す、個別最適な学びと、協働的な学びの実現〜（答申）」、2021年。
2. 文部科学省『生徒指導提要』、2022年。

【引用・参考文献】

・中央教育審議会「「令和の日本型学校教育」の構築を目指して〜全ての子供たちの可能性を引き出す、個別最適な学びと、協働的な学びの実現〜（答申）」、2021年。
（https://www.mext.go.jp/content/20210126-mxt_syoto02-000012321_2 -4.pdf）
・東宏行・伊東毅「これからの生徒指導」東宏行・伊東毅編著『新時代の生徒指導』放送大学教育振興会、2023年、305〜327ページ。
・文部科学省『生徒指導提要』、2010年。
（https://www.mext.go.jp/a_menu/shotou/seitoshidou/1404008.htm）
・文部科学省『生徒指導提要（改訂版）』、2022年。
（https://www.mext.go.jp/a_menu/shotou/seitoshidou/1404008_00001.htm）
・文部科学省「令和3年度 公立学校教職員の人事行政状況調査について（概要）」
（https://www.mext.go.jp/content/20230116-mxt-syoto01-000026693_01.pdf）
・文部科学省『生徒指導要領（改訂版）』の「デジタルテキストの活用ガイド」
（https://www.mext.go.jp/content/20221206-mxt-jidou02-000024699-002.pdf）
・高橋典久『『生徒指導提要（改訂版）』の概要」、「月刊生徒指導」編集部編『生徒指導提要改訂版－全文と解説』学事出版、2023年、10〜13ページ。

第 2 章

生徒指導と教育課程

望月 由起

1 学習指導要領にて着目される「生徒指導の充実」

　学習指導要領は、全国のどの地域でも一定水準の教育を受けられるように、
小学校、中学校、高等学校等で教育課程（カリキュラム）を編成する際の基準
として文部科学省が定めているものであり、法規としての性格をもつ。

　木内（2018）によれば、生徒指導に関する学習指導要領総則の記述は平成期
から急激に増大しており、その内容はガイダンスからキャリア教育まで拡が
り、道徳教育や教科外活動との関連性も重視されているという。

　現行の学習指導要領では、「よりよい学校教育を通じてよりよい社会を創る」
という目標を学校と社会が共有し、それぞれの役割を果たすことができるよう
に、一人一人の児童生徒の発達を支える視点に立つことを重要視している。

　『学習指導要領解説総則編』では、「生徒（児童）の発達を支える指導の充実」
の一つとして「生徒指導の充実」に着目し、生徒指導は、学校生活が全ての児
童生徒にとって有意義で興味深く、充実したものにすることを目指すものであ
り、問題行動への対応という消極的な面にとどまらないことを強調している。

2 児童生徒の発達を支える[1]生徒指導

（1）学校の教育活動全体を通しての「生徒指導の充実」

　生徒指導は、学校の教育課程内外の教育活動全体を通して充実させることが

図2-1　教育課程や諸活動と生徒指導の関係

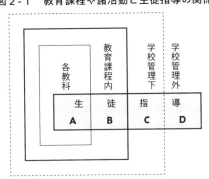

A：各教科における生徒指導（小学校の外国語活動を加える）
B：教科外教育における生徒指導（道徳、総合的な学習（探究）の時間、特別活動）
C：課外活動における生徒指導（部活動、ボランティア活動、任意参加の行事等）
D：たとえば校外での万引き、家出や家庭内暴力など

木内（2018）27ページより転載

　求められている。特に、全ての児童生徒を対象にした課題未然防止教育や、児童生徒のキャリア形成等もふまえた発達支持的生徒指導の視点は、重要視されている。また、実態としては、学校管理外でも、家庭や地域、関係機関等と連携しながら指導を行っているということもある。

　木内（2018）は、こうした学校の教育課程や諸活動と生徒指導の関係について、図2-1のような包含的な関係として表現している。

　近年、「家庭の社会経済的な背景や、障害の状態や特性及び心身の発達の段階、学習や生活の基盤となる日本語の能力、一人一人のキャリア形成など、子供の発達や学習を取り巻く個別の教育的ニーズを把握し、様々な課題を乗り越え、一人一人の可能性を伸ばしていくことが課題」（中央教育審議会、2021）といった指摘もある。こうした課題もふまえながら、学習指導と生徒指導を関連づけ、両者が充実するように、教育課程の編成や実施をすることが求められている。

（2）生徒指導の視点を意識した授業づくり

　教員が学習指導と生徒指導を担う日本型学校教育では、授業が発達支持的生

徒指導の場にもなる。

　生徒指導の実践上の視点を意識した授業や授業づくりについて、『生徒指導提要（改訂版）』で示されている要点は、以下のとおりである（文部科学省、2022、46〜48ページより一部抜粋。文末表現は筆者修正）。

１）自己存在感の感受を促進する授業づくり

　授業において、児童生徒が「自分も一人の人間として大切にされている」と感じ、自分を肯定的に捉える自己肯定感や、認められたという自己有用感を育む工夫が求められる。学習の状況等に基づく「指導の個別化」や、児童生徒の興味・関心、キャリア形成の方向性等に応じた「学習の個性化」により個別最適な学びを実現できるように、授業で工夫することが大切である。

２）共感的な人間関係を育成する授業

　授業において、互いに認め合い・励まし合い・支え合える学習集団づくりを促進していくことが大切である。そのためには、教員が学級・ホームルームの児童生徒の多様な個性を尊重し、相手の立場に立って考え、行動する姿勢を率先して示すことが大切である。

３）自己決定の場を提供する授業づくり

　児童生徒が、授業場面で自らの意見を述べたり、観察・実験・調べ学習等において自己の仮説を検証しレポートにまとめたりすることを通して、自ら考え、選択し、決定する力が育つ。教員は、児童生徒に意見発表の場を提供したり、児童生徒間の対話や議論の機会を設けたり、児童生徒が協力して調べ学習をする、実験する、発表する、作品を作る、演じるなどの取組を積極的に進めたりして、児童生徒の学びを促進するファシリテーターとしての役割を果たすことも重要である。

４）安全・安心な「居場所づくり」に配慮した授業

　授業は一般に学級・ホームルームの単位で行われるため、一人一人の児童生徒が安全・安心に学べるように学級・ホームルーム集団が児童生徒の「（心の）居場所」になることが望まれる。

（3）生徒指導の視点を意識した学級・ホームルーム経営

1）集団指導と個別指導

　『生徒指導提要（改訂版）』では、「集団指導においては、あらゆる場面において、児童生徒が人として平等な立場で互いに理解し信頼した上で、集団の目標に向かって励まし合いながら成長できる集団をつくることが大切」と示し、以下のような集団づくりの工夫を教職員に求めている（文部科学省、2022、25ページ）。

一人一人の児童生徒が
① 安心して生活できる　② 個性を発揮できる　③ 自己決定の機会を持てる
④ 集団に貢献できる役割を持てる　⑤ 達成感・成就感を持つことができる
⑥ 集団での存在感を実感できる　⑦ 他の児童生徒と好ましい人間関係を築ける
⑧ 自己肯定感・自己有用感を培うことができる
⑨ 自己実現の喜びを味わうことができる
ことを基盤とした集団

　個別指導には、集団から離れて個人に行う指導と、集団指導の中で個人に配慮して行う指導が含まれる。近年は、スクールカウンセラーによるものに限らず、教員による生徒指導の一つの方法としてもカウンセリングを位置づけており、指導計画に基づき、ガイダンスと併せて実施することが期待されている。

　こうした集団指導と個別指導を両輪として、「集団に支えられて個が育ち、個の成長が集団を発展させるという相互作用により、児童生徒の力を最大限に伸ばし、児童生徒が社会で自立するために必要な力を身に付けることができるようにする」（文部科学省、2022、24ページ）という指導原理に基づきながら、児童生徒の行動や意識の変容を促し、一人一人の児童生徒の発達を支えていくことが大切である。

2）学級・ホームルーム集団づくり

　児童生徒にとって学校生活の基盤となる学級・ホームルームでの諸活動は、発達支持的生徒指導や課題未然防止教育と重なるところが大きい。自発的・自

治的な活動を通して、お互いのよいところや可能性を認めて尊重し、力を発揮し合えるような、心理的安全性[2]の高い学級・ホームルーム集団をつくり上げることは、児童生徒の自己有用感や自己肯定感の獲得にもつながる。

　児童生徒の規範意識を醸成することにより、学級・ホームルームは、自分の意見や仮説を安心して述べたり、他者の意見や考えを共感的に受け止めたりできるような、安全・安心で心地よい居場所となりうる。このような場において、実践的な学びや主体的・自律的な選択・決定をする経験を蓄積することによって、児童生徒は自己指導能力を身につけることができる。

３）社会性の発達の支援

　集団での人間関係で不安や悩みを抱える児童生徒は多く、学級・ホームルーム集団においても例外ではない。

　『生徒指導提要（改訂版）』では、教職員が児童生徒や学級・ホームルームの実態に応じて、ガイダンスという観点から、学校生活への適応やよりよい人間関係の形成などに関して、全ての児童生徒に組織的・計画的に情報提供や説明を行うことを提言している（文部科学省、2022、26ページ参照）。

　また、場合によっては、ソーシャル・エモーショナル・ラーニング（ＳＥＬ：社会性と情動の学習）[3]のような、社会性の発達を支援するプログラムも提案している。従来の『生徒指導提要』においても、狭い意味での生徒指導として、社会性の発達を支援する手法が例示されている（**表2-1**参照）。

3　教科外教育における生徒指導

（１）道徳科を要とした道徳教育における生徒指導

　道徳教育と生徒指導は、いずれも児童生徒の人格のよりよい発達を目指すものであり、きわめて密接な関係にある。

　道徳教育は、特別の教科である道徳（以下、「道徳科」とする）[4]を要として、学校の教育活動全体を通じて行われる。道徳科の授業と生徒指導の相互補完関係について、『生徒指導提要（改訂版）』で示されている要点は、以下のとおり

表2-1　社会性の発達を支援する手法例

グループ エンカウンター	「エンカウンター」とは「出会う」という意味です。グループ体験を通しながら他者に出会い、自分に出会います。人間関係作りや相互理解、協力して問題解決する力などが育成されます。集団の持つプラスの力を最大限に引き出す方法といえます。学級作りや保護者会などに活用できます。
ピア・サポート 活動	「ピア」とは児童生徒「同士」という意味です。児童生徒の社会的スキルを段階的に育て、児童生徒同士が互いに支えあう関係を作るためのプログラムです。「ウォーミングアップ」「主活動」「振り返り」という流れを一単位として、段階的に積み重ねます。
ソーシャルスキル トレーニング	様々な社会的技能をトレーニングにより、育てる方法です。「相手を理解する」「自分の思いや考えを適切に伝える」「人間関係を円滑にする」「問題を解決する」「集団行動に参加する」などがトレーニングの目標となります。障害のない児童生徒だけでなく発達障害のある児童生徒の社会性獲得にも活用されます。
アサーション トレーニング	「主張訓練」と訳されます。対人場面で自分の伝えたいことをしっかり伝えるためのトレーニングです。「断る」「要求する」といった葛藤場面での自己表現や、「ほめる」「感謝する」「うれしい気持ちを表す」「援助を申し出る」といった他者とのかかわりをより円滑にする社会的行動の獲得を目指します。
アンガー マネジメント	自分の中に生じた怒りの対処法を段階的に学ぶ方法です。「きれる」行動に対して「きれる前の身体感覚に焦点を当てる」「身体感覚を外在化しコントロールの対象とする」「感情のコントロールについて会話する」などの段階を踏んで怒りなどの否定的感情をコントロール可能な形に変えます。また、呼吸法、動作法などリラックスする方法を学ぶやり方もあります。
ストレス マネジメント教育	様々なストレスに対する対処法を学ぶ手法です。始めにストレスについての知識を学び、その後「リラクゼーション」「コーピング（対処法）」を学習します。危機対応などによく活用されます。
ライフスキル トレーニング	自分の身体や心、命を守り、健康に生きるためのトレーニングです。「セルフエスティーム（自尊心）の維持」「意思決定スキル」「自己主張コミュニケーション」「目標設定スキル」などの獲得を目指します。喫煙、飲酒、薬物、性などの課題に対処する方法です。
キャリア カウンセリング	職業生活に焦点を当て、自己理解を図り、将来の生き方を考え、自分の目標に必要な力の育て方や、職業的目標の意味について明確になるようカウンセリング的方法でかかわります。

文部科学省（2010）117～118ページより転載

である（文部科学省、2022、50～51ページより一部抜粋。文末表現は筆者修正）。

1）道徳科の授業の充実に資する生徒指導

• 発達支持的生徒指導の充実を図ることは、自らの生き方と関わらせながら学

習を進めていく態度を身に付け、道徳科の授業を充実させることにつながる。

- 児童生徒の人間関係を深める（発達支持的生徒指導）とともに、一人一人の悩みや問題を解決（困難課題対応的生徒指導）したり、柔軟に教室内の座席の配置やグループの編成を弾力化（課題予防的生徒指導）したりするなどの指導によって、道徳科の授業を充実させることができる。

2）生徒指導の充実に資する道徳科の授業

- 道徳科の授業で児童生徒の悩みや心の揺れ、葛藤などを生きる課題として取り上げ、自己の生き方を深く考え、人間としての生き方についての自覚を深め、児童生徒の道徳的実践につながる力を育てることは、生徒指導上の悩みを持つ児童生徒を温かく包み、その指導効果を上げることにつながる。
- 道徳科の授業の学習の過程においては、教員と児童生徒及び児童生徒相互のコミュニケーションを通した人間的な触れ合いの機会が重視される。これらは、児童生徒相互の理解及び児童生徒と教員との相互理解を通して、互いの人間関係・信頼関係を築く発達支持的生徒指導にもつながる。また、その場に応じた適切な話し方や受け止め方など、主体的な学習態度の形成は、課題予防的生徒指導を行う機会ともなる。

（2）総合的な学習（探究）の時間における生徒指導

　総合的な学習（探究）の時間において、知識や技能を自ら求めていく人間像や姿勢を児童生徒に促すことは、「社会の中で自分らしく生きることができる存在へと児童生徒が、自発的・主体的に成長や発達する過程を支える」という生徒指導の定義と重なるものである。

1）探究のプロセスを意識した学習活動と生徒指導

　総合的な学習（探究）の時間では、探究のプロセスを意識した学習活動を通じて「課題の設定→情報の収集→整理・分析→まとめ・表現」を発展的に繰り返し（**図2-2**参照）、自己指導能力を育むことを目指している。

　教員は、児童生徒の持つ力を引き出し、主体性が発揮できるように留意する必要がある。こうした指導は、発達支持的生徒指導と重なるところが大きい。

図2-2　探究的な学習における生徒の学習の姿

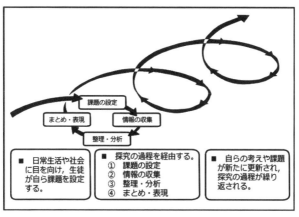

2）協働的な学びと生徒指導

　総合的な学習（探究）の時間では、児童生徒一人一人が主体的に取り組むだけでなく、他者の良いところや個性などを尊重しながら協働的に取り組むことにも重きを置いている。

　さまざまな情報を収集・活用したり、複眼的な視点から考えたり、対話や交流をしたりしながら、他者と協働的に学ぶことを通じて、児童生徒個人の学習の質を高めるとともに、集団の学習の質も高めていくことができるように、適切な指導や援助を行うことが求められる。その際には、生徒指導の視点を生かして、直接的あるいは間接的に働きかけることが効果的である。

（3）特別活動における生徒指導

　特別活動は、「集団や社会の形成者としての見方・考え方」を働かせながら「様々な集団活動に自主的、実践的に取り組み、互いのよさや可能性を発揮しながら集団や自己の生活上の課題を解決する」ことを通して、資質・能力を育むことを目指す教育活動である（文部科学省、2017a、2018a）。

1）生徒指導が中心的に行われる場としての特別活動

　『生徒指導提要（改訂版）』では、特別活動を「生徒指導の目的である「児童

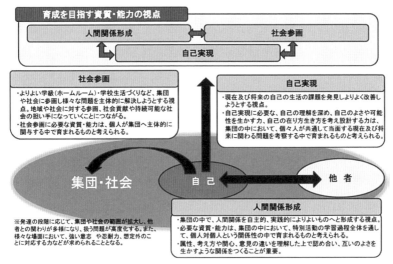

図2-3　特別活動において育成を目指す資質・能力の視点

中央教育審議会（2016）

生徒一人一人の個性の発見とよさや可能性の伸長と社会的資質・能力の発達を支える」ことに資する集団活動を通して、生徒指導の目的に直接迫る学習活動」（文部科学省、2022、56ページ）とみなし、生徒指導が中心的に行われる場であることも強調している。

　図2-3からも分かるように、特別活動において育成を目指す資質・能力にも、生徒指導との重なりが見られる。

　特別活動と生徒指導との関わり方としては、以下の3点が挙げられている（文部科学省、2017a、2018a）。これらの点からは、特別活動における集団活動には、生徒指導の機能が生かされる場や機会が数多くあることが分かる。

ア	所属する集団を、自分たちの力によって円滑に運営することを学ぶ
イ	集団生活の中でよりよい人間関係を築き、それぞれが個性や自己の能力を生かし、互いの人格を尊重し合って生きることの大切さを学ぶ
ウ	集団としての連帯意識を高め、集団（社会）の形成者としての望ましい態度や行動の在り方を学ぶ

２）特別活動の各活動と生徒指導

①学級・ホームルーム活動

　先にも示したが、学校生活の基盤となる学級・ホームルームでの活動は、発達支持的生徒指導や課題未然防止教育と重なるところが大きい。児童生徒の発達段階や実態等をふまえた年間指導計画を適切に設定し、学級・ホームルーム活動の時間をうまく活用して、意図的・計画的に指導することが大切である。

　『生徒指導提要（改訂版)』では、学級・ホームルーム活動は「児童生徒の自主的、実践的な態度や、健全な生活態度が育つ場であること」「発達支持的生徒指導を行う中核的な場であること」「学業生活の充実や進路選択の能力の育成を図る教育活動の要の時間であること」を、生徒指導を意識した取組の視点として挙げている（文部科学省、2022、62ページ参照）。こうした視点をふまえながら、児童生徒の人格形成を図るとともに、自己指導能力を育んでいくことが望まれる。

②児童会・生徒会活動、クラブ活動（小学校のみ）

　児童会・生徒会活動やクラブ活動では、学校という社会において、学級・ホームルーム活動や、学年といった同質性の高い組織の枠を超えた多様な組織による集団活動を通して、望ましい人間関係や協力し合う態度等を学ぶことができる。

　『生徒指導提要（改訂版)』では、生徒指導との関連をふまえた運営上の工夫として、「児童生徒の創意工夫を生かす指導計画の作成と改善に努めること」「学級・ホームルーム活動、学校行事との関連を図ること」「自発的、自治的な活動を生かす時間、活動場所等の確保に努めること」などを挙げている。（文部科学省、2022、65ページ）

③学校行事

　学校行事は、同質性の高い組織による集団活動であると同時に、その枠を超えた組織による集団活動でもあり、生徒指導の視点を生かせる場面も広い。

　学校行事において生徒指導を行う際には、児童生徒一人一人が受け身ではなく、主体的に参加できるように配慮することが重要である。『生徒指導提要（改

訂版）』では、「児童生徒理解に基づいた教員の適切な配慮によって、集団生活への意欲や自信を失っている児童生徒の自己存在感や自己有用感を高めるとともに、自己の生き方についての考えを深め、自分の能力への自信を回復することが可能になります。」（文部科学省、2022、67ページ）と示している。

4 生徒指導の中心的な教育活動としての教育相談

　従来の『生徒指導提要』では、「教育相談」と題した章を設け、「教育相談と生徒指導の相違点としては、教育相談は主に個に焦点を当て、面接や演習を通して個の内面の変容を図ろうとするのに対して、生徒指導は主に集団に焦点を当て、行事や特別活動などにおいて、集団としての成果や変容を目指し、結果として個の変容に至るところにあります。」（文部科学省、2010、99ページ）と、教育相談と生徒指導の異なる点を明示していた。

　しかし、『生徒指導提要（改訂版）』では、「教育相談」に特化した章は設けていない。むしろ、「教育相談は、生徒指導から独立した教育活動ではなく、生徒指導の一環として位置付けられるもの」（文部科学省、2022、16ページ）とみなし、「生徒指導における教育相談は、現代の児童生徒の個別性・多様性・複雑性に対応する生徒指導の中心的な教育活動」（文部科学省、2022、16〜17ページ）と明示している。

　さらに、どちらかといえば事後の個別対応に重点を置いていた教育相談と生徒指導が一体となって、未然防止、早期発見、早期支援・対応、事案の改善・回復、再発防止までを一貫するような支援に重点を置くような、チームとしての支援体制をつくることも求めている。

コラム　キャリア教育に求められる生徒指導の視点

　『生徒指導提要（改訂版）』では、キャリア教育と生徒指導が両者の相互作用を理解し、連関した取組を行うことを期待している。

　しかしこの20余年で急速に推進されたこともあり、キャリア教育の課題が少なからず指摘されている。生徒指導の目的にも含まれている「自己実現」という用語を安易に掲げ、一方的な指導を行いがちな点もその一つであろう。

　図2-4は、マズロー（Maslow,A.H,）による「自己実現理論」をベースに、人間の欲求の階層を示したものである。

　この理論に依拠するならば、児童生徒の状況によっては、基礎的欲求が満足された場合に出現する「自己実現」に一足飛びに焦点を当てるのではなく、現在、欠乏している基礎的欲求にも目を向けるべきであろう。いわゆる「所属欲求」や「承認欲求」が満たされず、苦慮している児童生徒は少なくない。

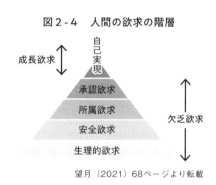

図2-4　人間の欲求の階層

望月（2021）68ページより転載

　『生徒指導提要（改訂版）』の「まえがき」では、「生徒指導上の課題が深刻になる中、何よりも子供たちの命を守ることが重要であり、全ての子供たちに対して、学校が安心して楽しく通える魅力ある環境となるよう学校関係者が一丸となって取り組まなければなりません。」（下線筆者）と示されている。また「生徒指導の取組上の留意点」として、「児童生徒が、自己の存在感を実感しながら、よりよい人間関係を形成し、有意義で充実した学校生活を送る中で、現在及び将来における自己実現を図っていくことができるようにすること。」（下線筆者）と示されている（文部科学省、2022、36ページ）。

　このように児童生徒の基礎的欲求にも目を向ける生徒指導の視点は、今後のキャリア教育において、より一層、求められるに違いない。

　こうした眼差しは、世界的議論となっている「社会正義」という観点から見ても重要である。三村（2020）は、「キャリア教育を実施する上で、様々な不利益を被っている人たちがその学びや就労のギャップを公正・公平の理念で埋めていくこと」を「社会正義」とみなし（211ページ）、障害をもつ生徒、貧

困家庭の生徒、外国籍の生徒など、キャリア形成の機会の上で不利益を被る子どもたちがますます増えることを懸念している。

「偉大な平等化装置」と言われる学校にてキャリア教育を進める際には、将来のキャリア形成の機会の上で不利益を被る児童生徒や、現在の学校生活に苦慮している児童生徒に寄り添い、支えるような働きかけも求められるだろう。

※本コラムの内容は、望月（2023）の一部を再編集したものである。

【注】
1）児童生徒の心理面（自信・自己肯定感等）の発達のみならず、学習面（興味・関心・学習意欲等）、社会面（人間関係・集団適応等）、進路面（進路意識・将来展望等）、健康面（生活習慣・メンタルヘルス等）の発達を含む包括的なもの（文部科学省、2022、13ページ）。
2）「無知、心配性、迷惑と思われるかもしれない発言をしても、この組織なら大丈夫だ」と思える、発言することへの安心感を持てる状態（文部科学省、2022、127ページ）。
3）自己の捉え方と他者との関わり方を基盤として、社会性（対人関係）に関するスキル、態度、価値観を身につける学習であり、社会性と情動に関する心理教育プログラムの総称（文部科学省、2022、26ページ）。
4）高等学校に「道徳科」はないが、高等学校学習指導要領において、「学校における道徳教育は、人間としての在り方生き方に関する教育を学校の教育活動全体を通じて行うことによりその充実を図るものとし、各教科に属する科目、総合的な探究の時間及び特別活動のそれぞれの特質に応じて、適切な指導を行うこと。」（文部科学省、2018b、3ページ）と示されている。

❓ 考えてみよう

1. あなたが興味関心のある教科等の指導と生徒指導の補完関係について、さまざまな視点から具体的に考えてみよう。
2. 心理的安全性の高い学級・ホームルームとは、どのような場だと思いますか。その場をつくるために、どのような働きかけが必要だと思いますか。あなたの経験を振り返りながら、具体的に考えてみよう。

─📋読んでみよう─

・文部科学省『学習指導要領解説』小学校・中学校2017年、高等学校2018年、総則編、特別の教科 道徳編、総合的な学習（探究）の時間編、特別活動編。

【引用・参考文献】
・中央教育審議会「幼稚園、小学校、中学校、高等学校及び特別支援学校の学習指導要領の改善及び必要な方策等について（答申）別添資料」、2016年。
（https://www.mext.go.jp/component/b_menu/shingi/toushin/__icsFiles/afieldfile/2017/01/20/1380902_3_3_1.pdf）
・中央教育審議会「「令和の日本型学校教育」の構築を目指して〜全ての子供たちの可能性を引き出す、個別最適な学びと、協働的な学びの実現〜（答申）」、2021年。
（https://www.mext.go.jp/content/20210126-mxt_syoto02-000012321_2-4.pdf）
・木内隆生「教育課程と生徒指導」林尚示・伊藤秀樹編著『生徒指導・進路指導（第二版）』学文社、2018年、19〜40ページ。
・三村隆男「キャリア教育と現代社会―AI時代とキャリア教育」日本キャリア教育学会編『新版キャリア教育概説』東洋館出版社、2020年、206〜211ページ。
・望月由起『学生・教員・研究者に役立つ進路指導・キャリア教育論―教育社会学の観点を交えて』学事出版、2021年。
・望月由起「生徒指導とキャリア教育の連関への期待」『月刊生徒指導10月号』学事出版、2023年、16〜19ページ。
・文部科学省『生徒指導提要』、2010年。
（https://www.mext.go.jp/a_menu/shotou/seitoshidou/1404008.htm）
・文部科学省『学習指導要領解説 特別活動編』小・中学校2017年a、高等学校2018年a。
・文部科学省『学習指導要領解説 総合的な学習の時間編』小・中学校2017年b。
・文部科学省『高等学校学習指導要領』2018年b。
（https://www.mext.go.jp/sports/content/1384661_6_1_2.pdf）
・文部科学省『生徒指導提要』、2022年。
（https://www.mext.go.jp/a_menu/shotou/seitoshidou/1404008_00001.htm）

第 3 章

教育相談の意義

土屋 弥生

**章の
ポイント**

『生徒指導提要（改訂版）』（文部科学省、2022）によれば、教育相談の目的は「児童生徒が将来において社会的な自己実現ができるような資質・能力・態度を形成するように働きかけること」とされている。また、教育相談は生徒指導の一環として位置づけられるが、「生徒指導は児童生徒理解に始まり、児童生徒理解に終わる」と言われる。本章では、教育相談の意義と教育相談の基盤となる児童生徒理解のあり方について学ぶ。教師には、確かな児童生徒理解に基づく教育相談を通して、児童生徒の個別性・多様性・複雑性に対応し、成長を支えることが求められる。

1 教育相談とは

　学校は多様な児童生徒が共に学び、生活する場所である。集団の中で児童生徒はそれぞれの個性を伸ばし、成長する。その成長の道は個々に異なるが、さまざまな課題や困難と向き合い、立ち止まり悩むこともある。児童生徒の成長の道は一直線に真っすぐというわけにはいかず、その場で足踏みをしたり、ある時は転んでしまったり、時には寄り道をしたりと、さまざまな紆余曲折を経ることも考えられる。

　教育相談とは、このような児童生徒の日々の成長を支えるために、児童生徒の「今」を受けとめ、理解し、共に歩んでいこうとする営みである。さらに教育相談には、このような児童生徒の成長の歩みに関わる保護者や家族と向き合い、話し合い、共に考え、協力することも含まれる。

　『生徒指導提要（改訂版）』（文部科学省、2022、80ページ）には、「教育相談の目的は、児童生徒が将来において社会的な自己実現ができるような資質・能力・態度を形成するように働きかけること」とある。すなわち、教師は個々の児童生徒の未来を見つめつつ、それぞれの個性に基づき、個々に寄り添うかたちで教育相談を行う必要がある。教育相談は生徒指導の一環として位置づけられているが、「生徒指導は児童生徒理解に始まり、児童生徒理解に終わる（文部科学省、2022、88ページ）」と言われる。つまり教育相談は、確かな児童生

徒理解の基礎の上に成り立つものなのである。児童生徒の教育上の問題や課題は複雑化・深刻化しており、教育相談において教師は、児童生徒の個別性・多様性・複雑性に対応することが求められる。

2 学校教育の中の教育相談

（1）教育相談を行う教師の役割

『生徒指導提要（改訂版）』（文部科学省、2022、16ページ）には、教育相談において向き合うことになる課題について、以下のように例示されている。

- 深刻ないじめ被害のある児童生徒の対応
- 長期の不登校児童生徒への対応
- 障害のある児童生徒等、特別な配慮や支援を要する児童生徒への対応
- 児童虐待や家庭の貧困、家族内の葛藤、保護者に精神疾患などがある児童生徒への対応
- 性同一性障害や性的指向・性自認に係る児童生徒への対応

　教育相談を行う際には、問題や課題が顕在化していないことも考えられる。そのため、児童生徒が置かれている状況については、児童生徒自身の学習や生活の状態、家庭環境や人間関係などについて児童生徒に関する情報を集め、児童生徒本人から聞き取るとともに、教師自身が児童生徒の内面の状態を洞察することも求められる。つまり、教育相談は、単なる悩みを解決するための話し合いではなく、児童生徒の安全を守り、安心して学校や家庭での生活を送ることができるよう、総合的な視点からの対話である必要がある。

　近年、スクールカウンセラー（ＳＣ）やスクールソーシャルワーカー（ＳＳＷ）の配置[1]が進んでいるということもあり、より専門的な立場から相談を行ってもらう方がよいという考えもあるだろう。しかし、例えば教師が行う教育相談と、ＳＣが行うカウンセリングには、相談を行う上での立場・役割と「相談そのもの」の質的な違いがあると考えられる（図3-1、図3-2）。教師とＳＣはそれぞれの立場を生かし、お互いの役割を理解した上で尊重し合い、

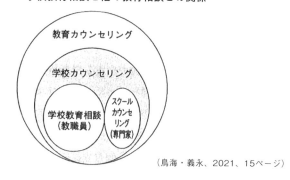

図3-1　学校教育相談と他の教育相談との関係

（鳥海・義永、2021、15ページ）

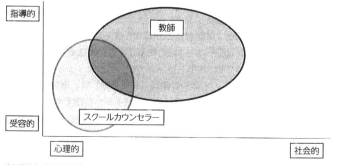

図3-2　教師とスクールカウンセラーの役割イメージ

春日井敏之・伊藤美奈子『よくわかる教育相談』ミネルヴァ書房、173頁をもとに作成

（森田・吉田、2018、144ページ）

児童生徒の成長のために協働することが求められる。

（2）教育相談における心理教育的援助

　学校教育において、一人一人の子どもが学習面、心理・社会面、進路面、健康面における課題への取組の過程で出会う問題状況の解決を援助し、子どもが成長することを促進する「心理教育的援助サービス」の理論と実践を支える学校心理学という学問領域がある（学校心理士認定運営機構、2020、24ページ）。学校教育現場で行われる教育相談活動は、学校心理学で言うところの「心理教育的援助」の活動により児童生徒を支える営みである。

図3-3　3段階の心理教育的援助サービス、その対象、および問題の例

（学校心理士認定運営機構、2020年、27ページ）

　図3-3は、3段階に区分される心理教育的援助サービスについて示している。まず、「一次的援助サービス」は、全ての児童生徒を対象としており、学習や対人関係など学校生活におけるスキルを向上させることを目指す援助である。多くの児童生徒に見られる課題に対して、事前に準備的な援助を行うものであり、実際に問題や課題が生じる前に発達促進的に行われる。『生徒指導提要（改訂版）』（文部科学省、2022、82ページ）の「発達支持的教育相談」は、一次的援助サービスとして行われるものと考えられ、個々の児童生徒の成長・発達の基盤をつくるものといえる。個別面談やグループ面談等の相談活動だけでなく、通常の教育活動は「一次的援助サービス」の視点で行われることが望ましい。

　「二次的援助サービス」は、登校しぶりや学習意欲の低下、クラス内での孤立など、学校生活に問題や課題があらわれる可能性が高い、またはあらわれ始めている児童生徒への援助であり、予防の段階・早期の段階で援助を行うためにも児童生徒の困り感を初期の段階で察知し、問題や課題の状況を理解することが重要となる。『生徒指導提要（改訂版）』（文部科学省、2022、82～85ページ）の「課題予防的教育相談」は、「二次的援助サービス」として行われるものと考えられる。

　「三次的援助サービス」は、不登校や発達障害、いじめや非行などの問題や

課題が見られ、特別な援助が必要な児童生徒への援助であり、ＳＣ・ＳＳＷなど専門的な立場からの助言を得ながら、個々の問題や課題に適切に対応することが求められる。『生徒指導提要（改訂版）』（文部科学省、2022、82〜85ページ）の「困難課題対応的教育相談」は、「三次的援助サービス」として行われるものであるが、深刻で解決が難しい問題への対応となることも多いため、学校内外との連携と協働による組織的な援助を目指す必要がある。目先の問題解決に囚われることなく、当該児童生徒が継続的に安心して学習や生活ができ、自らの将来に主体的に向き合い、歩んでいけるようにするために、児童生徒の環境への働きかけも含めた心理教育的援助および教育相談が求められる。

3 教育相談の基盤となる児童生徒理解

（1）児童生徒理解とは

　「理解というものは、つねに誤解の総体に過ぎない。」これは、村上春樹の『スプートニクの恋人』の中にある一節である。生徒指導および教育相談における児童生徒理解の重要性は、『生徒指導提要（改訂版）』にも示されているが、実際には、児童生徒の一人一人を十分に理解することは決して容易なことではない。「誤解の総体」を「理解」であると思いこんでしまう危険性も否めない。そして、教師の思い込みによりつくられた「誤解の総体」が児童生徒自身を危機に追い込む可能性もある。

　例えば、学級担任自身は「自分の学級でいじめが起きるはずはない。生徒の様子を見る限り、学級内の人間関係に問題はない」と認識していたとする。もしもこの学級担任の学級や児童生徒への理解が「誤解の総体」であって、学級内でいじめが生じていた場合、この学級担任はいじめに気づくことなく対応が遅れ、被害者となった児童生徒はそのまま放置され、深刻な事態に陥るということになるだろう。学校教育現場において、やはり理解が誤解の総体であってはならない。

　では、誤解を避けるためには、すなわち児童生徒を理解するためには、どの

ようにすればよいのだろうか。

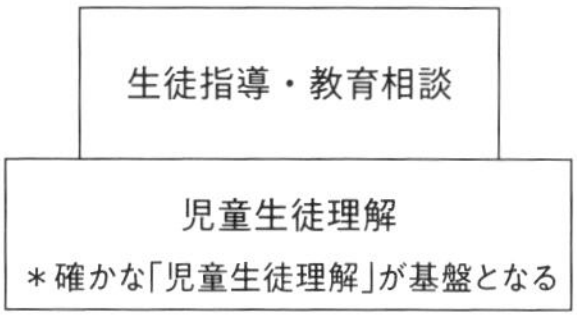

　例えば、『生徒指導提要（改訂版）』（文部
科学省、2022、83ページ）には、児童生徒の
心身の変化について以下のようなサインがあ
れば、その背後に問題が隠れている可能性が
あるとされている。

図3-4　児童生徒理解を基盤とする教育相談

生徒指導・教育相談
児童生徒理解 ＊確かな「児童生徒理解」が基盤となる

- 学業成績の変化（成績の急激な下降等）
- 言動の変化（急に反抗的になる、遅刻・早退が多くなる、つき合う友達が変わる等）
- 態度、行動面の変化（行動の落ち着きのなさ、顔色の優れなさ、表情のこわばり等）
- 身体に表れる変化（頭痛、下痢、頻尿、原因不明の熱等）

　つまり、児童生徒を理解する際には、学習の状況、言動・人間関係・態度・行動のあり方、身体の状態などに目を向ける必要があるということであろう。これらは概ね、目で捉えることができる情報である。言うまでもなく、日常の学校生活の中で収集できる児童生徒の情報は、教育相談を含む教育活動を行う上で欠かせないものである。しかし、以上に見たような、目で捉えることができる、いわゆる客観的な情報だけで児童生徒を理解することはできるのだろうか。

（2）確かな児童生徒理解のために「目には見えないもの」を見る

　前節で見たように、児童生徒理解における客観的な情報の収集は重要であるが、実際には教育相談において目の前にいる児童生徒が「今」どのような状態にあり、内面にはどのような問題や課題、悩みがあるのかを理解することが求められる。教育相談では、「目に見える」ことと「目には見えない」ことの両方を「見る」ことが求められている。では、「目に見えない」ことを見るためにはどうすればよいのだろうか。次の例（**図3-5**）を見てみよう。

　図3-5で、例えばゆうこさんという生徒について理解しようとするとき、一般的には目に見える客観的な情報、いわゆる「存在的（モノ的）」な情報を

図3-5　児童生徒理解における目に見える情報と目には見えない情報

◎目には見えない内面
　（主体）のあり方

ゆうこさんは……

今朝、お母さんと口喧嘩
をしてしまったので今日は
気持ちが下がり気味。い
つもだったら友達と笑顔
で元気に会話しているけ
ど、今日はそういう気分
ではない。なんか今日は
勉強にも気分が乗らない。
いつもはいろいろ前向き
なんだけど。

パトス的

ゆうこさん

◎目に見える情報

ゆうこさんは……

高校1年生の女子。
成績は良好。
足が速く、スポーツが得意。
性格は、まじめで前向き。
学級委員をつとめている。
友達は多く、社交的。
英検2級取得。

存在的（モノ的）

集める。学校であれば、指導要録や成績などの情報、日頃の生徒の様子などか
ら生徒像をつくり、これらをもとに進路指導や面談を行うことになる。この生
徒像は、新たな客観的な情報が加わらない限り固定的なものになりがちである
ことは否めない。一方、目には見えない主体としてのゆうこさんの内面は、一
定ではなく、日々変動が起きている。いつも元気で明るいゆうこさんも、時に
は気分が落ち込み、不安定になることもある。そういう意味で、目には見えな
い内面は変化し、日々のあり方は異なる。ここではこれを「パトス的」と表現
した。パトスとは、人間の内面における情念の動きのことである。人間は、存
在的であると同時にパトス的である。

　児童生徒を外側から「見る」ことで、教師はその児童生徒を「分かったつも
り」にならないことが大変重要である。人間とは、本来複雑で不安定で変化し
やすい存在であって、そう簡単には理解できないのだということを、まずは念
頭に置いた上で児童生徒を「見る」必要がある。そして、「見る」ことを不断
に継続し、得られる情報は日々更新していかねばならない。まずは「見る」こ
との複雑さと困難さをふまえておくことが、教育相談を行うにあたってのス
タートとなる。

（3）確かな児童生徒理解のために「言葉にはならないこと」を理解する

　教育相談は、基本的に相手と言葉を通したやり取り、つまり対話を行うのだが、言葉のやり取りそのものにも、表面的な意味とともに含意的な隠された意味が存在する。

　例えば、生徒の様子がいつもと違っている、今日は何かあったのだろうかと気になって声をかけてみたところ、その生徒は「大丈夫です。なんでもありません。」と返事をしたとする。教師はこの言葉を容易に受け入れて、「何もなかったのならよかった。気のせいだった。」ということで終わりにしてもよいのだろうか。

　学校における日常には、このようなやり取りが溢れている。言葉を用いたコミュニケーションは大事なものであるが、「本当のことがなかなか言えない」児童生徒もいるし、「言葉がうまく出てこない」といった緘黙傾向が見られる児童生徒もいる。児童生徒の口から言葉として出てこないことは存在しないということではない。むしろ、重要なことだからこそ言葉では言えないこともある。また、当事者にとって大変な問題であればあるほど、それは無意識の世界に隠蔽されてしまい、表出されないこともある。いじめや児童虐待などの深刻な問題は、当事者に尋ねればその実態が明らかになるというような単純な構造にはなっていない。だからこそ、言葉にはならないことがあるということを前提にした教育相談が求められる。

　『現代心理学辞典』によれば、非言語的コミュニケーション（nonverbal communication）とは、「スピーチのピッチや感情的なトーンなどの音声情報、表情、注視、動作、姿勢、対人距離など」の言語内容とは別のチャネルの情報によるコミュニケーションの総称で、「話される言語チャネルの情報と並行して伝達される別のチャネルの情報、あるいは補完・強化する情報、時には言語内容とは矛盾する意図の情報」とされる（子安・丹野・箱田、2021、644ページ）。つまり心理学では、客観化された情報源を用いて対象化された相手の感情状態や外側から把握できる「意図」を理解することになるが、実際には教育相談が行われる際の教師と児童生徒の間にある「雰囲気」や児童生徒が放つ

「気配」、それを感じ取る教師の「気分」といったことを通して、言語化も客観化もされない，内面性を含む「意図」が相談における重要なポイントになる場合もある（第4章コラムを参照）。

（4）児童生徒理解と内的生活史

　精神医学者のL.ビンスワンガーは、精神疾患の患者を理解する際の「生活史」について述べている。ビンスワンガーは、患者個々の「史実」の確認によって逐次的に立証しうる外面的な出来事の叙述ではなく、より内面的な意味連関として、換言すれば人生のプロットとして直観に一挙に開示されるような「内的生活史」の重要性を指摘している（ビンスワンガー、1961年、63ページ以下）。

　土屋（2020）は、このようなビンスワンガーの観点から、教師が児童生徒を直観的・即興的に把握するための児童生徒の内的生活史に関わる情報の重要性を指摘し、内的生活史の分析のための着眼点として「幼児期から現在における自己表出、自己主張のあり方」「固執、執着のあり方、方向性」「言語表現の能力」「知能、体力、学力などの資質」「自我確立のあり方、成熟度」「自己評価のあり方、現実との乖離があるかどうか」「周囲からの評価の受け止め方」「幼小中高の各段階での集団への所属感」「対人関係における他者との適正な距離感、関係の構築」「対人関係における本能的不信、その逆に無警戒の信頼があるかどうか」「他者に対する評価のあり方、他者との共感の度合い、自分に関心を持っていると思っているかどうか」を挙げている。

　以上の着眼点は児童生徒の内的生活史を捉えるための一例であるが、教育相談においては客観的データによる因果関係に基づく理解のみならず、児童生徒自身が生きてきた道のりの中に含まれた意味に目を向ける必要がある。

コラム　「他者を知る」ということ①　現象学的児童生徒理解

　教育相談の基盤となる児童生徒理解において重要なのは、「目には見えないもの」を見る、「言葉にはならないもの」を理解するということであった。ここでは、現象学という学問的立場による児童生徒理解について触れてみたい。

図3-6　本質直観（エポケーして見ること）

現象学的本質直観

×自然的態度

○超越論的態度
自然的態度によって与えられたものを「超越」することにより、子どもの本質をとらえる

「思い込み」,「先入見」（既知の情報）を留保して（エポケー：判断中止）、さまざまな視点からあれこれ考える＝超越論的（現象学的）還元→子どもの本質

私たち自身が描いていた子どもの像から、ずれたり重なったりすることに着目し、能動的に反省し、修正を施し、本質に至る

（土屋、2023、13ページ）

　現象学の始祖E.フッサールは、私たちが生きるこの「世界」をどう理解するかということを解明しようとし、「事象そのものへ」という姿勢のもと本質直観という認識の立場を示した。私たちは日頃ものごとを認識するときに、自分なりの見方（先入見：既知の情報による思い込み）をもって見ている。現象学では、このような人間の日常的な認識態度を「自然的態度」と呼ぶ。ものごとの本質を捉える本質直観は、この自然的態度をいったん中止して（これを現象学ではエポケー：判断中止という）超越論的態度に態度変更することが求められる（図3-6）。

　教師は自然的態度においては、先入見をもって児童生徒を見るということから逃れることができず、どうしてもそれまでの子どもとの関わりの中でつくり上げられた児童生徒像に引きずられてしまう。しかし、ここで教師には、いったん立ち止まり、既に認識してしまっている児童生徒像についてエポケーを施し、「本当にそうであるのかどうか」再度確認し、児童生徒像を修正するということが求められる。なぜならば、つくり上げられた児童生徒像を疑わずにそれに固執して、児童生徒の本質からずれたまま教育相談などの児童生徒とのやり取りを行うと、児童生徒の成長に寄与するどころか、それを阻害することに

もなりかねないからである。教師には、自分自身が描いてきた児童生徒像から、目の前の児童生徒のあり方がずれたり重なったりすることに着目し、「こうかな、そうではなくてこうかな」という試行錯誤を繰り返しながら本質に迫っていく姿勢が求められる（土屋、2023、12〜14ページ）。

【注】

1）学校教育法施行規則の一部を改正する省令の施行（平成29年）により、ＳＣとＳＳＷの職務内容が規定された。ＳＣは、心理に関する高度な専門的知見を有する者として、ＳＳＷは、児童生徒の最善の利益を保障するため、ソーシャルワークの価値・知識・技術を基盤とする福祉の専門性を有する者として、校長の指揮監督の下、不登校、いじめや暴力行為等の問題行動、子供の貧困、児童虐待等の未然防止、早期発見、支援・対応等を、教職員と連携して行うことが明記された。（文部科学省、2022、17ページ）

❓ 考えてみよう

1．教育相談における教師の役割と目的とはどのようなものであるか考えてみよう。
2．教育相談の基盤となる確かな児童生徒理解を成立させるためにどんなことに留意する必要があるか考えてみよう。

📖 読んでみよう

1．学校心理士認定運営機構編『学校心理学ハンドブック』風間書房、2020年。
2．土屋弥生『教師と保護者のための子ども理解の現象学』八千代出版、2023年。

【引用・参考文献】
・ビンスワンガー, L.／萩野恒一・宮本忠雄・木村敏訳『現象学的人間学』みすず書房、1961年。

・学校心理士認定運営機構編『学校心理学ハンドブック』風間書房、2020年。
・子安増生・丹野義彦・箱田裕司監修『現代心理学辞典』有斐閣、2021年。
・文部科学省『生徒指導提要』、2022年。
（https://www.mext.go.jp/content/20230220-mxt_jidou01-000024699-201-1.
pdf）
・森田健宏・吉田佐治子編著『よくわかる！教職エクササイズ③教育相談』ミネル
ヴァ書房、2018年。
・村上春樹『スプートニクの恋人』講談社、2001年。
・シュトラッサー, S.／徳永恂・加藤精司訳『人間科学の理念』新曜社、1978年。
・鳥海順子・義永睦子編著『子ども理解と教育相談』東洋館出版社、2021年。
・土屋弥生『人間科学の方法と教育実践研究』日本大学文理学部人文科学研究所研究
紀要、2020年、155〜164ページ。
・土屋弥生『教師と保護者のための子ども理解の現象学』八千代出版、2023年。

第 **4** 章

教育相談における
基本的態度と役立つ心理支援

土屋 弥生

『生徒指導提要（改訂版）』（文部科学省、2022、89ページ）には、「児童生徒理解とは、一人一人の児童生徒に対して適切な指導・援助を計画し実践することを目指して、学習面、心理・社会面、進路面、家庭面の状況や環境についての情報を収集し、分析するためのプロセスであり、教育相談の基盤となる心理学の理論やカウンセリングの考え方、技法は児童生徒理解において有効な方法を提供するもの」と示されている。本章では、教育相談を行う際のプロセス、手法、技法について心理学的知見に加え、現象学的・人間学的知見を用いて説明する。

1 教育相談における基本的態度・手法

（1）教育相談の基本的態度と進め方

　前章で述べたとおり、教育相談の基礎となるのは、確かな児童生徒理解である。そして、『生徒指導提要（改訂版）』（文部科学省、2022、80ページ）には、教育相談における姿勢として、「指導や援助の在り方を教職員の価値観や信念から考えるのではなく、児童生徒理解（アセスメント）に基づいて考えること」とある。つまり、教師の思い込みや正義感や価値観のみによって児童生徒を誘導したり、児童生徒に一方的に指示したりすることは避けなければならない。

　教育相談を行う前、行っている間、教師は児童生徒理解に努める必要がある。よって、教育相談の第一段階はアセスメント（見立て）である。この段階では、心理学的知見・精神医学的知見・人間学的知見・現象学的知見などを用いて、児童生徒の「今」について情報を収集・統合し、全体として理解する。

　次に第二段階として、アセスメントを拠り所としたカウンセリングが行われる。カウンセリングを通して、児童生徒とのコミュニケーションを行い、児童生徒自身の自己認識や行動に働きかける。あくまでもカウンセリングは、児童生徒を主体とした活動である。

　第三段階は、コンサルテーションにおける具体的援助である。コンサルテーションとは、保護者などの児童生徒の援助資源[1]に対して行う、児童生徒自身

の問題解決のための働きかけについての具体的な提案である。コンサルテーションは、指示や強制ではなく、教師側からの提案の中から援助資源である保護者や家族自身が自ら選び取るものでなければならない。

　教育相談においては、以上の３段階の心理教育的援助を繰り返すことで、児童生徒の歩む方向性や問題解決の糸口が見えてくることを目指す。以下、３段階の援助を実践するための手法について説明する。

（2）アセスメント

1）客観的なデータの収集

　指導要録などに記載されている児童生徒の学習成績、諸活動の様子や、家庭環境や家族構成、提出物や課題や作品の内容などから児童生徒に関する客観的データを収集する。

2）面接による情報収集

　アセスメントを目的とした面接を実施し、児童生徒自身の状態や問題を把握する。また、援助資源である保護者・家族・児童生徒の周囲の人々に対して面接を実施し、児童生徒に関する情報を収集する。

3）観察による情報収集

　児童生徒の行動や人間関係などについて、教室での様子、授業における取組、クラスメイトとのやり取りなどを観察することを通して、児童生徒の状態を知る。観察の形態としては、児童生徒と直接対話をしながら行う参与観察や行動の様子を外側から観察する非参加の観察など、多様な方法がある。

4）心理検査

　主に心理的な専門家や専門機関によって実施されるさまざまな心理検査があり、その結果を基に児童生徒の特徴、知能・発達・能力やパーソナリティなどを把握し、心身の状態の理解に役立てることができる。一般的に行われる心理検査のカテゴリーと測定内容については、以下のとおりである（**図4-1**）。

図4-1　心理検査の分類カテゴリーと測定内容

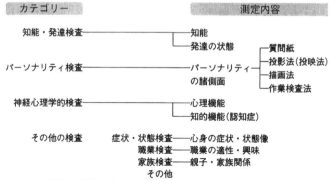

注：右端の質問紙・投影法・描画法・作業検査法は筆者による追加
出典：福森（2015）p.59より

（橋本、2023、275ページ）

5）人間学的パトス分析

　ドイツの医学者V.v.ヴァイツゼッカーが医学的人間学の立場から提唱したパトス分析について紹介する。ヴァイツゼッカーは、人間をパトス（情念）的存在であるとし、人間は固定的で不変の存在ではなく、むしろパトス（情念）の変容と共に絶えず変化し続ける不安定で不確定な存在であるとした。教育相談のアセスメントにおいては、このような視点をもつことが大変重要である。ヴァイツゼッカーは、人間の生命的な営みを理解するための5つのパトスカテゴリー（できる・しなければならない・したい・してもよい・すべきである）を示し（ヴァイツゼッカー、2000、250～251ページ）、それらのゆらぎと絡み合いを理解する必要があるとした。以下にパトスカテゴリーの図（**図4-2**）を示す。ヴァイツゼッカーのパトス的人間学においては、人間は5つのパトスカテゴリーが不均衡な状態となるときに危機を迎え、不均衡状態を調整することによって安定へと向かうことができると考えられる。このような人間学的パトス分析によって、児童生徒の心身の不均衡状態を知ることができる（土屋、2023、41～48ページ）。

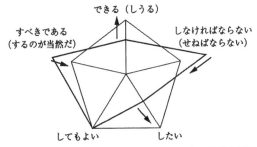

図4-2　パトスカテゴリー

パトスのゆらぎ，不均衡の是正

できる（しうる）

すべきである
（するのが当然だ）

しなければならない
（せねばならない）

してもよい

したい

注）ヴァイツゼッカーが提唱するパトスカテゴリーを筆者が図
にした。パトスが均衡状態にあるときは正五角形をなし，
パトスに歪みがあらわれると変則的な五角形になる。パト
スを調整するには，過剰なパトスが緩和され，不足してい
るパトスが補われる必要がある。

（土屋、2023、42ページ）

（3）カウンセリング

　教育相談におけるカウンセリングは、児童生徒一人一人と直接向き合い、児童生徒の環境や背景をふまえた上で課題や問題について話し合い、適切な援助を行う活動である。『生徒指導提要（改訂版）』（文部科学省、2022、82〜85ページ）には、「発達支持的教育相談」「課題予防的教育相談」「困難課題対応的教育相談」があり、カウンセリングは児童生徒の発達を支え、課題や問題を早期に発見し予防的に対応し、困難な課題を解決することを目指して行われる。

　ここでは、カウンセリングの実践に役立つ理論として、アメリカの心理学者C.R.ロジャーズの来談者（クライエント）中心療法について紹介する。ロジャーズは、来談者（クライエント）が中心であり主役であるという考えのもと、来談者（クライエント）に建設的なパーソナリティの変化が起こるためのカウンセリングの成立条件を以下のように挙げている（佐治・飯長、2011、82〜83ページ）。

　①二人の人間が、心理的な接触をもっていること。

　②第一の人—この人をクライエントと名づける—は、不一致の状態にあり、

傷つきやすい、あるいは不安の状態にあること。

③第二の人―この人をセラピストと呼ぶ―は、この関係の中で、一致しており、統合されていること。

④セラピストは、クライエントに対して無条件の肯定的関心を経験していること。

⑤セラピストは、クライエントの内部的照合枠に感情移入的な理解を経験しており、そしてこの経験をクライエントに伝達するように努めていること。

⑥セラピストの感情移入的理解と無条件の肯定的配慮をクライエントに伝達するということが、最低限に達成されること。

「何がその人を傷つけているのか、どの方向へ行くべきなのか、何が重大であって、どんな経験が秘められているのか。それを知っているのはクライエント自身である」と述べているように、ロジャーズの考え方の根本にはクライエントの主体性に対する深い尊敬の念が存在する（無藤・森・池上・福丸、2009、288〜289ページ）。この立場は、教育相談の目指すところと一致する。

（4）コンサルテーション

コンサルテーションは、児童生徒の理解や援助に関する援助者の課題に対する援助であり、児童生徒への間接的援助である（学校心理士認定運営機構、2020、121ページ）。コンサルテーションの特徴については、以下のとおりである（波田野、2023、181ページ）。

①お互いの自由意志に基づいている。

②コンサルタントは局外者であり、コンサルティ（コンサルテーションの受け手）が属している組織の権力者や利害関係にある者ではない。

③時間制限がある。

④課題中心であり、コンサルティの性格や個人的問題、個人生活には関わらない。

⑤コンサルティの持つ力を尊重する。

コンサルテーションでは、児童生徒の周囲にいる保護者や家族などが支援を求めた場合に、困難さを抱える児童生徒に直接関わらなくても、課題解決に向

けた取組や困難の軽減に向けた支援を行うことができる（波田野、2023、181ページ）。学校・教師と保護者・家族との協働においても、重要な働きかけである。

2 児童生徒の発達と教育相談

　教育相談は、児童生徒の心身の発達に対応したものでなければならない。ここでは、心理学における人間の発達についての理論を紹介する。

（1）ピアジェの認知的発達論

　児童生徒の状態や生じてくる問題や課題を理解するためには、知的発達・認知発達についての理解が欠かせない。スイスの心理学者J.ピアジェは、思考（認知機能）は子どもと環境の相互作用の中で、認知的操作の構造が変化することによって発達していくとし、発達には4つの段階（①感覚運動期・②前操作期・③具体的操作期・④形式的操作期）があるとした（小林、2023、208〜210ページ）（**表4-1**を参照）。

（2）エリクソンの心理社会的発達理論

　アメリカで活躍したE.H.エリクソンは、S.フロイトの精神性的発達理論[2]を発展させた心理社会的発達理論を生み出した。人生におけるライフサイクルを8段階（①乳児期・②幼児期前期・③幼児期後期・④学童期・⑤青年期・⑥成人初期・⑦成人期・⑧老年期）に区分し、人生のそれぞれの時期に特徴的なありようと心理社会的危機と発達課題があるとした（**表4-1**を参照）。

　ライフサイクルの各時期において危機を乗り越え、発達課題が達成できなければその段階にとどまることになり、社会生活を営む上で心理・社会的な自覚と役割取得が不十分な状態となる（大山、2023、193ページ）。

3 児童生徒の心身相関と教育相談

　教育相談における児童生徒の心身相関について述べておきたい。児童生徒の

表4-1　子どもの心の発達段階―思考の発達（ピアジェ）と心理社会的発達（エリクソン）
　　　心理社会的発達（エリクソン）　　（小林・中島，2014，p.157より）

年齢	思考の発達段階：ピアジェ		心理社会的発達段階：エリクソン*)**)	
0	感覚運動期 （0歳～ 2歳頃）	・生後まもなくは反射が中心 ・生後1～4ヶ月半頃に習慣が形成される ・8～9ヶ月頃，手近にあるものを目標達成の道具として用いるようになり，見えなくなったものを探し始める ・2歳近くなると，洞察による問題解決が可能になる	I．乳児期 （0歳～ 1歳頃）	【信頼感　対　不信感】…〈希望〉 ・養育者との一体感や信頼関係を通して「基本的信頼感」を獲得する ・適切なケアを受けられない場合，「不信感」を経験する ・「基本的信頼」をより多く経験することで，危機を克服する
1				
2	前操作期 （2歳頃～ 7歳頃）	【前概念的思考の段階】 （2歳頃～4歳頃） ・目の前にない事物について考えられるようになる ・延滞模倣，象徴遊び（ごっこ遊び）が出てくる ・言語が急速に発達するが，概念的思考は難しい ・独特の推論をする（外面的な類似性や時間的・空間的な近さを理由に，因果関係があると考える）	II．幼児前期 （1歳頃～ 3歳頃）	【自律性　対　恥，疑惑】…〈意志〉 ・急速に自立心が芽生えてくる ・未熟で社会化されていない行動に対して，しつけがなされる ・大人からの制限や命令により，自分の自立的な行動に対する「恥・羞恥心」が生まれる ・大人が承認し励ますことで，自己統制感と満足感を感じ「自律性」を経験する
3				
4		【直感的思考の段階】 （4歳頃～7・8歳） ・自分自身の特定の視点から，外界を認知する傾向がある ・事物の目立つ側面にのみ注目し，他の側面を無視する ・考えは，知覚に左右される（見た目が重要な判断材料）	III．幼児後期 （3歳頃～ 6歳頃）	【自主性　対　罪悪感】…〈目的〉 ・遊びが生活の中心となり，自分なりの規範に基づいて行動し，責任を引き受けるようになる ・失敗を大人からとがめられると「罪悪感」を経験する ・欲求と規範とのバランスを取りながら，物事に対して積極的・主体的に関わることができると，「自主性」を経験する
5				
6				
7	具体的操作期 （7歳頃～ 11・12歳）	・変化した事象をもとの状態に戻して考えることができる ・数・長さ・質量・体積などの保存の概念が成立する ・自分を相手の立場に移行させて事態を考えることができる ・知覚に左右されることなく，論理的な操作ができる ・具体的な内容を想定しないで，言語的に考えることは難しい	IV．学童期 （6歳頃～ 12歳頃）	【勤勉性　対　劣等感】…〈有能感〉 ・自ら選んだ努力目標にエネルギーをつぎ込んで達成しようとする ・周囲との関係の中で力が及ばないことを知り，「劣等感」を経験する ・「勤勉性」を発揮して多くのものを習得したとき，自己の有能感を感じる
8				
9				
10				
11				
12	形式的操作期 （11歳頃～ 14・15歳頃）	・言語や記号だけで，論理的な思考をすることができる ・仮説をたて，生起しうることを論理的に考えられる ・可能なあらゆる場合を考えるというような，組織的な思考も可能になる	V．青年期 （12歳頃～ 20歳頃） ***	【自我同一性　対　同一性拡散】…〈忠誠心〉 ・児童期までに形成してきた自分らしさを，社会の価値や規範を取り込んで「アイデンティティ」（自我同一性）として再構成していく ・アイデンティティ構成が難しい場合，「アイデンティティ拡散」という混乱の状態を経験する

*エリクソンの心理社会的発達論の中で，【　】は発達課題と危機（ポジティブな面とネガティブな面）の対を示す。〈　〉は，危機を克服することで得られる人格的な活力を示す。
**本表ではピアジェの思考の発達段階と併記する都合上，V．青年期までを記載した。このあと，VI．成人初期，VII．成人期，VIII．老年期と続く。
***エリクソンの発達段階では，「思春期」は独立した段階としては設定されておらず，青年期に含まれる。

（小林，2023、209ページ）

悩みは、専ら心の中にある問題と想定されるが、実は心の中にあるとばかりは言いきれない。例えば、日本心身医学会によれば心身症という疾患は、「その発症や経過に心理社会的因子が密接に関与し、器質的ないし機能的障害が認められる病態」のことである（子安・丹野・箱田、2021、397ページ）。つまり、心身症は、心理社会的な背景をもつ身体症状をあらわす疾患である。

　教育相談において児童生徒が「お腹が痛い」「頭が痛い」といった身体症状を訴えた場合、一般的には身体の疾患と解されがちだが、実はこれらの症状の背景に心理社会的要因が深く絡んでいることもある。ここで重要なのは、単に心の問題が体の症状にあらわれたということではない。人間の心身はそれぞれに別個のもの（心身二元論）としてあるのではなく、常に相関的な関係にある。つまり、心身相関とは、心理社会的因子が身体的・生理的な状態に影響を与えることだけではなく、身体的・生理的な状態が心理面の状態に影響を与えるという双方向の関係を含む概念である（子安・丹野・箱田、2021、397ページ）。

　児童生徒によく見られる心身症として、「起立性調節障害」や「過敏性腸症候群」が挙げられる。起立性調節障害は、立ちくらみ、めまい、気持ち悪い、動機、息切れ、腹痛、頭痛などの脳貧血症状や自律神経症状示す子どもの自律神経失調症である。症状は一般的に午前中に強く、朝なかなか起きられない。小学校高学年から高等学校までの年齢に多く見られ、不登校を伴うことも少なからずある（文部科学省、2011年、12ページ）。過敏性腸症候群は、腸管機能の亢進（こうしん）した病態に基づき、腹痛、腹部膨満感及び便通異常（下痢、便秘、下痢と便秘を繰り返す）が持続し、種々の腹部の不定愁訴を訴えるが、器質的病変が証明されないものである（文部科学省、2011年、12ページ）。

4 保護者との協働

　教育相談の対象には、児童生徒以外に、児童生徒の援助資源となる保護者や家族も含まれる。特に保護者は児童生徒を共に支え、それぞれの立場から児童生徒の成長を促す目的のもとで協働するパートナーである。教師と保護者は児

図4-3　教師・保護者が目指す協働

目指すは「子どもの成長」という共通点

保護者

生徒の成長のために
協働する

教師

自分が正しいという結論だけにこだわらない
何らかの問題が発生し，誤解やすれ違いが
生じてしまったとき，
×相手に非を認めさせる。
×自分の立場からの正しさだけを主張。
×対立構造の中での話し合い。
×自分の理屈を押しつける。
　→結局は「不信感」が募る

※「子どもの成長」のためにお互いが
　異なる立場からできることを模索する
　（子どもの立場に立って）

（土屋、2023、126ページ）

童生徒に異なる立場から直接の援助を行う者同士であり、必要な場合には教師は保護者との教育相談において、児童生徒との関わりや今後の方向性についてのコンサルテーションを行うことになる。

　土屋（2023、121ページ）は、「保護者とのやり取りの中で、教師は保護者自身も気づいていないかもしれない本当の主訴に気づく必要がある」と指摘している。カウンセリングの際にクライエントが自分の問題の中心としてもっているものを主訴と呼ぶが、例えば一見、学校や教師へのクレームのように思われる訴えがあった場合も、ただ単に学校や教師を批判することが目的ではなく、「自分の子どもにもっと丁寧に対応してほしい」「自分の子どものことを尊重してもらいたい」という主訴が隠れていることも多い。学校や教師は、自分たちの価値観と合わない保護者に、ただ自分たちの正論をぶつけるだけではなく、児童生徒の成長のためにそれぞれの立場からできることは何かを共に考え、働きかけていけるような関係を築く必要がある。保護者との教育相談は、児童生徒の成長を支える上で大変重要な機会であるといえる。

5 役立つ心理支援

　児童生徒との教育相談において、児童生徒自身が自らの課題と向き合い、乗り越えていくために有効な心理支援の方法として、ストレスマネジメントとアサーショントレーニングに触れておきたい。

　児童生徒が問題や課題を抱えている場合、さまざまなストレス反応を示すことがある。こうしたストレス反応を予防するためにも、生じてしまったストレス反応を軽減するためにも、ストレスマネジメントを実践することが重要である。ストレスマネジメントには、ソーシャルスキルトレーニング（社会的スキル訓練・生活技能訓練）、ストレスコーピング（ストレス反応の軽減を目的とした認知的再評価や解決策の実行）、リラクゼーションなどがある。児童生徒に対して以上のような具体的なストレスマネジメントの方法を教育することで、児童生徒の危機を未然に防止し、生じてしまった危機に対応する力をつけることができる。

　また、児童生徒の自己表現やコミュニケーションの力を向上させることも、人間関係の問題や集団の中での自己のあり方という課題に向き合う上で重要なことである（子安・丹野・箱田、2021、7ページ）。アサーショントレーニングは、自分と相手の権利を尊重しながら、適切で建設的な自己主張・自己表現を身につけるためのトレーニングである。アサーションの考え方においては、3つのタイプの自己表現があり、「攻撃的（アグレッシブ）な自己表現」「非主張的（ノン・アサーティブ）な自己表現」のいずれでもない「アサーティブな自己表現」を目指す必要があるとされる。アサーティブな自己表現とは、自分も相手も大切にした自己表現であり、お互いの意見や気持ちの相違による葛藤を乗り越えながら、安易に妥協したりせずにお互いの意見を出し合って、譲ったり譲られたりしながら歩み寄って、それぞれに納得のいく結論を出そうとする、この過程を大事にすることである（平木・沢崎・土沼、2002、4ページ）。

コラム 「他者を知る」ということ② 雰囲気と気分の現象学的理解

　土屋（2023、33〜40ページ）は、フッサール現象学によって考えられるコミュニケーションの構造を表4-2のように示し、一般的に考えられている能動的コミュニケーションの「基層」を成す、受動的志向性の世界の身体性におけるコミュニケーションの重要性を指摘している。「基層」は、身体を媒介とした非言語のコミュニケーションが行われる場所であり、これは心理学における非言語コミュニケーションとは異なるものである。

表4-2　フッサール現象学によって考えられるコミュニケーションの構造

上層	能動的志向性の世界 　能動的コミュニケーション 　言語などでおこなわれる一般的なコミュニケーション
基層	受動的志向性の世界 　受動的コミュニケーション 　身体性におけるコミュニケーション 　無志向性，共にあるという世界

出所）「フッサール現象学の三層構造」（山口一郎〔2002〕『現象学ことはじめ—日常に目覚めること—』日本評論社）をもとに作成。

（土屋、2023、34ページ）

図4-4　雰囲気・気分の現象学的理解

そもそも私たちのあいだには、このような関係にあることが、現象学の世界では明らかにされている。

気分を手がかりにして子どもの気配（受動的志向性）を把握する。

すなわち，子どもを理解するときに，何かを媒介させる必要はない。子どもの世界を私たちは直接感じ取ることができる。＝感知・共感能力

われわれの自己の根底において，自己と他者それぞれの主観が通底している。
★現象学的なコミュニケーションの「基層」

（土屋、2023、40ページ）

　教育相談における教師と児童生徒の現象学的なコミュニケーションで重要となるのは、客観化・対象化された情報を手がかりにするのではなく、身体を通じた気分を手がかりにして、目には見えない雰囲気や気配を感知するということである（**図4-4**を参照）。

【注】
1）教育相談における資源とは、相談相手や支援機関、金銭や物資の援助、社会制度などのことである（無藤・森・池上・福丸編著、2009年、304ページ）。
2）S.フロイトは、乳幼児期の親子関係を重視し、性欲動であるリビドーの充足をもたらす身体部位と発達を関係づけた。フロイトの発達理論は、乳幼児期から青年期に至る人生前半に重きを置いたもので、①口唇期・②肛門期・③エディプス期・④潜伏期・⑤性器期の5段階に区分される（小林、2023、206〜207ページ）。

？ 考えてみよう

1．教育相談を行う際に必要となる手順・手法とはどのようなものか考えてみよう。
2．児童生徒の発達と教育相談の関係について考えると、教育相談を行う際にどのような工夫が必要となるか考えてみよう。

📋 読んでみよう

1．橋本朋広・大山泰宏『新訂臨床心理学特論』放送大学教育振興会、2023年。
2．無藤隆・森敏昭・池上知子・福丸由佳編『よくわかる心理学』ミネルヴァ書房、2009年。

【引用・参考文献】
・学校心理士認定運営機構編『学校心理学ハンドブック』風間書房、2020年。
・橋本朋広「心理アセスメント総論」橋本朋広・大山泰宏『新訂臨床心理学特論』放送大学教育振興会、2023年、271〜288ページ。
・波田野茂幸「臨床心理学と地域援助」橋本朋広・大山泰宏『新訂臨床心理学特論』

放送大学教育振興会、2023年、165〜186ページ。
・平木典子・沢崎達夫・土沼雅子編著『カウンセラーのためのアサーション』金子書房、2002年。
・小林真理子「乳幼児・児童期の臨床心理学」橋本朋広・大山泰宏『新訂臨床心理学特論』放送大学教育振興会、2023年、201〜218ページ。
・子安増生・丹野義彦・箱田裕司監修『現代心理学辞典』有斐閣、2021年。
・文部科学省『教職員のための子どもの健康相談及び保健指導の手引』2011年。
（https://www.mext.go.jp/a_menu/kenko/hoken/__icsFiles/afieldfile/2013/10/02/1309933_01_1.pdf）
・文部科学省『生徒指導提要（改訂版）』、2022年。
（https://www.mext.go.jp/content/20230220-mxt_jidou01-000024699-201-1.pdf）
・無藤隆・森敏昭・池上知子・福丸由佳編『よくわかる心理学』ミネルヴァ書房、2009年。
・大山泰宏「発達とライフサイクル総論」橋本朋広・大山泰宏『新訂臨床心理学特論』放送大学教育振興会、2023年、187〜200ページ。
・佐治守夫・飯長喜一郎編『ロジャーズ クライエント中心療法〔新版〕』有斐閣、2011年。
・土屋弥生『教師と保護者のための子ども理解の現象学』八千代出版、2023年。
・ヴァイツゼッカー, V.v.／木村敏訳『病いと人』新曜社、2000年。

第 5 章

「チーム学校」としての
生徒指導・教育相談体制

劉 麗鳳

生徒指導は、学習指導と並んで、教師の重要な仕事の一つである。しかし、教師の過酷な労働環境や、多様化・複雑化した児童生徒への対応が迫られる中、教師による対応のみではなく、多様な専門家や家庭・地域・関係諸機関との連携・協働による生徒指導体制の推進が重視されるようになっている。そのような背景から『生徒指導提要（改訂版）』（2022）では、「チーム学校」による生徒指導体制が重要なポイントとして打ち出されている。本章では、「チーム学校」が重視される背景をふまえながら、「チーム学校」による生徒指導・教育相談体制について解説する。

1 こんなとき、どうする？

次は、筆者がある中学校でフィールドワークをしていたときに、見かけた一場面である[1]。

> 　Aさんは、生まれつきの身体的障害をもっている。普段は通常学級で授業を受けているが、口数が少なくクラスメイトと話す場面もあまり見られない。
> 　この日は卒業式の練習のため、生徒たちは全員体育館に集められた。生徒全員が整列している中、列の最後尾に並んでいたAさんのために椅子が用意されていた。Aさんのすぐ近くには、同じクラスの元気な男子生徒が並んでいた。練習の合間の休み時間になると、男子生徒たちは集まってジャンケンゲームを始め、負けた者に罰ゲームをやらせていた。すると、ジャンケンに負けた男子生徒の一人が嫌々ながらAさんの前に行き、Aさんに何かを呟いていた。その光景を見ていた他の男子生徒たちは、お腹を抱えながら笑っていた。

　皆さんが教師になったとき、このような場面に遭遇したらどう対応するかを考えてみてほしい。Aさんが人間関係のトラブルを抱えている可能性があるので、面談の場を設けて最近の学校生活の様子を聞く。あるいは、校内の他の教職員からAさんに関する情報を収集し、深刻な課題を抱えていると判明した場

合は生徒指導主事や管理職に報告し、対応を検討する。また、教師による対応だけでは解決が難しいと判断した場合は、スクールカウンセラー（ＳＣ）やスクールソーシャルワーカー（ＳＳＷ）に相談したり、場合によっては保護者や福祉機関と連携しながら対応する。『生徒指導提要（改訂版）』（文部科学省、2022）では、「プロアクティブな生徒指導」の重要性が強調されているように、課題が深刻化する前に積極的な生徒指導を行うことが大切であり、その際に他の教職員や関連機関との連携・協働を視野に入れることが重要である。

2 なぜ「チーム学校」が求められているのか？

　日本の教師は学習指導にとどまらず、生徒指導、課外活動さらに進路指導を担うなど、諸外国の教師に比べその仕事範囲が広い。仕事の「無限定性」が日本の教師の職業倫理とされている（久冨、1988、282ページ）ように、児童生徒に関わる事柄なら、教師が全て対処することが望ましいと考えられてきた。こうした教師たちの献身的な姿勢は、日本の学校教育の質を高いレベルに維持してきた一方、長時間労働など教師の多忙化や厳しい労働環境を生み出してきたともいえる。

　言うまでもなく、生徒指導は、教師個人で取り組む活動ではなく、学校の組織全体で取り組まなければいけない活動である。この観点から、『生徒指導提要（改訂版）』（文部科学省、2022）では、「チーム学校」に基づいた生徒指導体制づくりが強調されている。ただし、「チーム学校」の考え方は、今回の改訂で新しく提示されたものではない。1995年度からＳＣが、そして2008年度からＳＳＷが学校に配置され、チームとして指導にあたる体制が学校内につくられたのがその一例である。平成27（2015）年12月に中央教育審議会から出された答申「チームとしての学校の在り方と今後の改善方策について」（以下、「チーム学校」答申とする）では、現代社会において多様化・複雑化する子どもの教育問題や、教師を取り巻く労働環境の問題から、その重要性が改めて強調された。なお、「チーム学校」が求められる背景として、「チーム学校」答申

や文部科学省（2022）では、以下の3点を挙げている。

（1）新しい時代に求められる資質・能力を育むための体制整備

　変化が激しい現代社会において、子どもたちは様々な能力を身につけることが期待され、学校教育に関しても社会と連携・協働しながら教育活動を行うことが求められている。平成28（2016）年には「社会に開かれた教育課程」の実現が提唱され、学校が社会の変化を柔軟に受け止めながら、学校教育を通じてよりよい社会の創出と、その担い手に必要な資質・能力を育む教育課程の実現が目指されている。

（2）複雑化・多様化した問題を解決するための体制整備

　今日、様々な背景をもつ児童生徒が学校に通っており、その教育課題は複雑化・多様化の様相を見せている。例えば、2022年に文部科学省が実施した調査によれば、全国の公立小・中学校の通常学級に通う児童生徒のうち、8.8％に発達障害の可能性があるという[2]。このほかにも、いじめられている子どもや不登校の子ども、性的マイノリティの子ども、貧困家庭の子ども、外国ルーツの子どもなど、様々な背景を抱える子どもが学校に通っている。彼らへの支援や指導にあたっては教師のみで対応しきれない場合もあり、心理や福祉等の専門家との連携や協働が期待される。

（3）子どもと向き合う時間の確保等のための体制整備

　日本の学校教師はとても忙しく、その労働時間は世界一長いと言われる。2018年のＴＡＬＩＳ（国際教員指導環境調査）報告書によれば、日本の中学校教師の1週間の労働時間は56時間であり、調査参加国平均の38.3時間を大きく上回っている（国立教育政策研究所編、2018）。また、ほかの参加国に比べ、日本の中学校教師は、課外活動や事務作業に多くの時間をかけている一方、授業時間や職能開発の時間は参加国平均より短い。このように、日本の学校教師は、本来の職務である授業準備や、教師の専門性を高める職能開発に時間を費やせていない。**図5-1**のように、現在担当しているものの、教師の指導から外してもよいと教師自身が考える生徒指導の業務がいくつも挙げられている[3]。

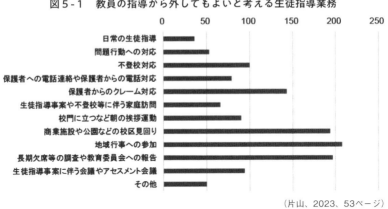

図5-1　教員の指導から外してもよいと考える生徒指導業務

（片山、2023、53ページ）

　また、日本では、学校教職員における教師の割合が高いという特徴がある。教職員総数に占める教師の割合を見ると、日本が82％であるのに対して、アメリカは56％、イギリスは51％となっている（国立教育政策研究所編、2018）。このように、教師以外の教職員の割合が低いことも、教師の仕事の多様化・多忙化をもたらす一因であるといえる。

3　「チーム学校」とは？

　「チーム学校」答申では、「チーム学校」を以下のように定義している。

> 校長のリーダーシップの下、カリキュラム、日々の教育活動、学校の資源が一体的にマネジメントされ、教職員や学校内の多様な人材が、それぞれの専門性を生かして能力を発揮し、子供たちに必要な資質・能力を確実に身に付けさせることができる学校（中央教育審議会、2015、12ページ）

　この「チーム学校」を実現するために、「チーム学校」答申や『生徒指導提要（改訂版）』（文部科学省、2022、70〜71ページ）では、以下の4つのポイントを示している。

（1）専門性に基づくチーム体制の整備

　教師という職業の専門性を基盤にしながら、心理や福祉等の分野の専門スタッフを学校に配置するとともに、両者の連携・協働体制を充実させる。専門スタッフとして、ＳＣ、ＳＳＷ、ＩＣＴ支援員、学校司書、ＡＬＴ（外国語指導助手）、部活動指導員、特別支援教育に関わるサポートスタッフ等が挙げられる。教師に加えて、これらの専門スタッフを含めた学校組織の多職種構成を進める。

（2）学校のマネジメント機能の強化

　「チーム学校」が機能するためには、校長のリーダーシップのもと、学校のマネジメント機能を強化していくことが必要である。このマネジメント体制を形づくるためには、副校長や教頭、事務長等が校長の権限を分担しながらサポートする体制づくりが重要である。すなわち、管理職もチームとして生徒指導体制づくりや学校のマネジメント機能の強化に取り組むことが求められる。

（3）教職員一人一人が力を発揮できる環境の整備

　教職員一人一人が力を発揮できるよう、人材育成や業務環境の改善が求められる。人材育成については、人事評価制度や教職員表彰制度の活用、業務環境の改善については、学校における業務改善の推進や、教職員メンタルヘルス対策の推進が挙げられる。

（4）教職員集団の「同僚性」の形成

　「チーム学校」を実現するための四つ目のポイントは、教職員集団の「同僚性」の形成である。生徒指導は、児童生徒と日々関わる学級担任やホームルーム担任などに偏りがちであるが、「学級・ホームルーム担任中心の抱え込み型生徒指導から、多職種による連携・協働型生徒指導へと転換していく際に重要となるのは、職場の人間関係の在り様」（文部科学省、2022、29ページ）とあるように、多職種による連携・協働型生徒指導への転換が必要であり、そこで重要となるのが「同僚性」の形成である。「同僚性」は、「チーム学校」を実現するための基盤ともいえる。

　図5-2のように、「学校がチームとして機能するためには、教職員同士（教

図5-2 「チーム学校」のイメージ図

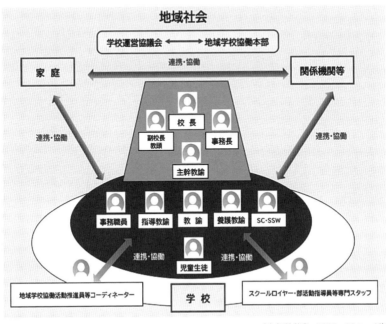

（文部科学省、2022、69ページ）

員のみならず事務職員や学校用務員、ＳＷ、ＳＳＷ等も含む）はもとより、教職員と多職種の専門家や地域の人々が連携・協働して教育活動を展開することが求められ」（文部科学省、2022、71ページ）る。なお、連携や協働に際しては、教職員それぞれが「一人で抱え込まない」「どんなことでも問題を全体に投げかける」「管理職を中心に、ミドルリーダーが機能するネットワークをつくる」「同僚間での継続的な振り返りを大切にする」（文部科学省、2022、71〜72ページ）という姿勢が大切である。

4 「チーム学校」における生徒指導や教育相談の体制づくり

（1）生徒指導

　学校という組織は、教職員が協力しながら全ての校務を役割分担することによって成り立っている。このことは、「校務分掌」という。生徒指導に関して言えば、生徒指導部が学校の生徒指導を組織的・体系的に進めるための中核的な組織であり、生徒指導主事（あるいは生徒指導主任・生徒指導部長）が主な役割を担う。生徒指導部は、生徒指導主事、各学年の生徒指導担当、教育相談コーディネーター、養護教諭、ＳＣ、ＳＳＷなどから構成され、校長や副校長等の管理職の指導の下でマネジメント体制がとられる。

　ただし、生徒指導は、生徒指導主事や生徒指導部だけではなく、学校の教職員全員が取り組む活動である。特に児童生徒と関わることの多いホームルーム担任、学級担任の負担が重くなりがちだが、重要なのは一人で問題を抱え込むのではなく、学校内の他の教職員と情報を共有することによって、問題の早期発見・早期対応を図ることである。学級担任やホームルーム担任が過重な負担を負わないよう、組織的に生徒指導にあたることが必要である。

　組織的な生徒指導を進めるために、『生徒指導提要（改訂版）』（文部科学省、2022、76〜77ページ）では、以下の3つの基本的な考え方を示している。

- 生徒指導の方針・基準の明確化・具体化：生徒指導の方針や基準を明確化・具体化するとともに、各学校や児童生徒の実情に基づいて「生徒指導基本指針」や「生徒指導マニュアル」を作成する。
- 全ての教職員による共通理解・共通実践：「児童生徒がどのような力や態度を身に付けることができるように働きかけるのか」について全教職員が共通理解を図り、その目標のもとで粘り強く組織的な指導や援助を行う。
- ＰＤＣＡサイクルに基づく運営：上述した2点の効果を定期的に点検し、必要に応じて取組を見直す。つまり、Ｐ（Plan＝計画）、Ｄ（Do＝実行）、Ｃ（Check＝評価）、Ａ（Action：対策・改善）のサイクルに基づいて、生徒指導体制の見直し・改善を図る。

（2）教育相談

　教育相談は、生徒指導の一環として位置づけられ、その目的は、「児童生徒が将来において社会的な自己実現ができるような資質・能力・態度を形成するように働きかけること」（文部科学省、2022、80ページ）である。教育相談は、生徒指導と同様、学校内外との連携に基づいて行われるチーム体制が重要であり、その中心的な役割を担うのは、教育相談コーディネーターである。

　教育相談は、教師と児童生徒の1対1で行われる個別対応や、深刻な問題が起きた場合に事後的に対応するイメージがあるが、そうではない。『生徒指導提要（改訂版）』では、対象の児童生徒の範囲と課題性の高低の観点から、生徒指導を「2軸3類4層構造」の視点から捉え、重層的な支援構造を提示しており、この視点に基づいて教育相談も以下の4タイプに類型化されている（文部科学省、2022、82〜85ページ）。

1）発達支持的教育相談

　発達支持的教育相談とは、様々な資質や能力の積極的な獲得を支援する教育相談である。従来の個別相談やグループ相談に限らず、教師の日常的な教育活動の中に、発達支持的教育相談の視点を取り入れて実践していくことが重要である。

2）課題予防的教育相談：課題未然防止教育

　課題予防的教育相談には、課題未然防止教育と課題早期発見対応の2つに分けられる。前者は全ての児童生徒を対象とし、ある特定の問題や課題の未然防止を目的に行われる教育相談である。例えば、いじめ防止や暴力防止のためのプログラムの実施がこれに該当する。

3）課題予防的教育相談：課題早期発見対応

　課題早期発見対応は、ある問題や課題の兆候が見られる特定の児童生徒を対象とした教育相談である。ここで重要なのは、問題や課題を抱える児童生徒の早期発見と早期対応である。例えば、児童生徒の学業成績、言動、態度、行動面や身体面に変化が見られた場合、その背景要因を想定しつつ、問題の早期発見・早期対応が求められる。早期発見の方法として定期相談、生徒が作成した

作品の活用、質問紙調査などが挙げられる。また、早期対応の方法として以下が挙げられる。①教育相談コーディネーター等により、問題や課題を抱える児童生徒を見つけ出すとともに支援体制を整備するための「スクリーニング会議」の開催、②気になる児童生徒をリスト化するとともに定期的に情報を更新する「リスト化と定期的な情報更新」、③援助ニーズの高い児童生徒に対してアセスメント（見立て）を行い、その上でプランニングや具体的な支援策を立てる「個別の支援計画」、④特定の課題をもつ児童生徒をピックアップして実施する「グループ面談」、⑤深刻な課題を抱える児童生徒に対して、相談できる人的ネットワークや学校外の居場所を確保する「関係機関を含めた学校内外のネットワーク型による支援」である。

4）困難課題対応的教育相談

　最後は、困難や課題を抱える児童生徒や、発達上または適応上の課題のある児童生徒を対象とした困難課題対応的教育相談である。これらの児童生徒に対しては、早期にケース会議を開き、教育相談コーディネーターを中心に、ＳＣやＳＳＷの専門性を生かしながら、教育、心理、医療、発達、福祉などの観点からアセスメントを行い、長期にわたる手厚い支援を組織的に行うことによって課題の解決を目指すことが大切である。

　片山（2020）によれば、生徒指導は教育学の視点、教育相談は心理学の視点に立って児童生徒に対応するため、両者には支援・指導の姿勢や方法上の対立が生じやすい。しかし、複合的・重層的な課題を抱える児童生徒への指導や援助を進めるためには、生徒指導と教育相談の両者の一体化したチーム支援体制が効果的である。『生徒指導提要（改訂版）』（文部科学省、2022、89〜96ページ）では、「困難課題対応的生徒指導及び課題早期発見対応におけるチーム支援」と「発達支持的生徒指導及び課題未然防止教育におけるチーム支援」という2つの支援のあり方を提示している。前者は深刻な課題を抱え、早急な対応が必要な児童生徒に対して行うもので、①チーム支援の判断とアセスメントの実施→②課題の明確化と目標の共有→チーム支援計画の作成→チーム支援の実践→点検・評価に基づくチーム支援の終結・継続の手順で行われる。それに対し

て、後者は全ての児童生徒を対象に行うもので、①学校状況のアセスメントとチームの編成→②取組の方向性の明確化と目標の共有→③取組プランの作成→④取組の具体的展開→⑤点検・評価に基づく取組の改善・更新の手順でチーム支援を実施する。

5 学校と家庭・地域・関係機関との連携・協働

　学校と同様、家庭や地域も子どもたちが日常生活を過ごす重要な場所である。そのため、生徒指導は、学校内部だけでは完結せず、場合によっては家庭や地域、さらには外部の関係諸機関との連携・協働が必要である。「地域にある社会資源を学校に迎え入れ、社会全体で児童生徒の学びと育ちを支えることを目指す学校改革が求められて」（文部科学省、2022、108ページ）いる。

　生徒指導や教育相談を円滑に進めるためには、保護者との信頼関係が重要である。保護者と信頼関係を築くことは、学校外の児童生徒の様子を知る上で重要であるだけでなく、学校の生徒指導方針について保護者の理解や協力を得るためにも重要である。

　一方、保護者自身が支援を必要とする場合もある。なかには社会の中で孤立し、社会的セーフティネットワークからこぼれおちる家庭も少なくない。その場合、家庭や保護者のニーズを汲みながら、関係諸機関とつなげるなどの支援が必要である。

　地域もまた、児童生徒に居場所や多様な学びの機会を提供している。現在、コミュニティ・スクール（学校運営協議会制度）や、地域学校協働活動の一体的な取組による「学校を核とした地域づくり」が推進され、学校と地域の連携・協働により、地域全体で子どもの学びや成長を支えることが求められる。また、関係諸機関として、教育委員会、警察・司法、福祉、医療・保健、ＮＰＯ法人が挙げられる。生徒指導を進める際に、必要に応じてこれらの機関と情報を共有しながら、連携・協働を進めることが大切である。

6 「チーム学校」としての生徒指導・教育相談体制の推進に向けて

　「チーム学校」では、教師が本来の職務に専念でき、多様化・複雑化する児童生徒の問題に対応できる学校体制の実現が期待されるが、いくつかの課題もある。

　まず、「チーム学校」を学校現場でどう具現化していくか、である。「チーム学校」では、学校（教師）、多様な専門スタッフ、家庭・地域・関係諸機関との連携・協働が強調されているが、その方法が十分議論されていない。すなわち、連携・協働の対象が示されているものの、その具体的な方法が明示されていない。そのため、各学校はこれまで蓄積してきた組織文化をふまえながら、体制を構築していく必要がある（今津、2018）。片山（2023）は、学校現場において多職種連携のためのシステムづくりが不十分であるとし、①授業も担任ももたないコーディネーターの配置、②教員養成段階で他職種連携教育を実施する、③単純で分かりやすい連携の仕組みを模索する、の３点を提案しているように、各学校は学校現場や教師の現状をふまえながら、「チーム学校」の実現に向けたシステムづくりが求められる。

　次に、「チーム学校」において、教師を含め多様な専門スタッフがそれぞれの専門性をどう発揮できるか、である。例えば、ＳＣやＳＳＷが学校組織の一員になった際には、教師に同化せず、その専門性を生かした支援・指導が可能か、また多様な専門スタッフが学校組織に加わる中で、教師がどのように専門性を発揮し、向上させるかの問題がある（新井、2017）。「チーム学校」体制のもと、教師やそのほかの専門スタッフそれぞれの専門性や自律性が損なわれないようにすることが大切である。

【注】
１）筆者が作成したフィールドノートをもとに、場面の様子が伝わるよう適宜修正した。
２）文部科学省「通常の学級に在籍する特別な教育的支援を必要とする児童生徒に関する調査結果について」、2022年。

(https://www.mext.go.jp/b_menu/houdou/2022/1421569_00005.htm)

3) 片山（2023）は、近畿圏都市部にある4つの市の公立学校の生徒指導主事を対象にアンケート調査を行い、390名からの回答をもとに本図を作成した。

❓ 考えてみよう

1. 冒頭で述べた事例に遭遇した場合、教師としてどのように対応するか考えてみよう。
2. 「チーム学校」体制下において、教師の仕事や役割がどのように変わるか考えてみよう。
3. 多様な専門スタッフ、家庭・地域・関係機関との連携・協働を進める際に、学校や教師はどのような工夫が必要か考えてみよう。

📋 読んでみよう

1. 佐藤学『新版 学校を改革する─学びの共同体の構想と実践』岩波ブックレット、2023年。
2. 新井肇『「支える生徒指導」の始め方─「改訂・生徒指導提要」10の実践例』教育開発研究所、2023年。

【引用文献】

・新井肇「教員間の「同僚性」・「協働性」と「チーム学校」」『生徒指導学研究』第16号、2017年、32〜41ページ。
・今津孝次郎「「チーム学校」の光と影」『中部教育学会紀要』第18号、2018年、14〜29ページ。
・片山紀子「教育相談と生徒指導」佐古秀一編著『チーム学校時代の生徒指導』学事出版、2020年、100〜112ページ。
・片山紀子「多職種連携による生徒指導体制の構築─チーム学校の観点から」『京都大学紀要』第142号、2023年、47〜61ページ。
・久冨善之「教員文化研究の前進へ─成果の整理と今後の課題」久冨善之編著『教員文化の社会学的研究』多賀出版、1988年、273〜287ページ。
・国立教育政策研究所編『教員環境の国際比較─学び続ける教員と校長（ＯＥＣＤ国際教員指導環境調査（ＴＡＬＩＳ）報告書』ぎょうせい、2018年。
・中央教育審議会「チームとしての学校の在り方と今後の改善方策について（答申）」

2015年。

- 文部科学省『生徒指導提要（改訂版）』、2022年。
  (https://www.mext.go.jp/a_menu/shotou/seitoshidou/1404008_00001.htm)

第 **6** 章

いじめ

加藤 美帆

いじめへの対応は、「いじめ防止対策推進法」にあるように、被害にあった子どもの人権を守ることが最優先である。いじめは今日、国際的にも注目される社会問題となっており、いじめの被害経験がもつ長期的な負の影響にも目を向ける必要がある。いじめが深刻化する構造などのいじめ研究の知見を、生徒指導に活かしていくことが重要である。

1 はじめに

　子どもたちの間でのいじめが深刻な問題であることは広く認識されているが、2013年に施行された「いじめ防止対策推進法」が成立するきっかけにもなった大津でのいじめ被害者の自殺事件のように、いじめは時に被害者の自殺にもつながりうる問題である。いじめは人権侵害であり、被害にあった児童生徒の立場に立って捉えるという大前提から、対応策を考える必要がある。

　一見すると友だち同士の遊びのように見えても、実は深刻ないじめが起こっていることもある。いじめが深刻化していく構造や、いじめの社会的影響など、いじめについての研究は、これまで教育学、教育社会学、心理学などさまざまな分野で深められてきた。また、いじめは、国際的な子どもの幸福度を捉える指標の一つともなっており、世界的に注目される事象になっている。国際比較で見たときの日本のいじめの特徴とはどのようなものなのか。いじめが国際的に注目されている背景は何なのかといったことも含めて、本章では、いじめの現代的な特徴を確認しながら、改めていじめがどのような現象なのかを具体的に考えるためのデータや枠組みを見ていき、いじめに対処するための考え方や姿勢を提示したい。

2 いじめ問題の広がり

（1）いじめに対する国際的な注目

　ユニセフから出た報告書『子どもたちに影響する世界—先進国の子どもの幸

福度を形づくるものは何か』（2021）によると、日本の15歳の子どもたちの精神的幸福度は、調査国中で最下位のグループにある。幸福度の指標の一つには、国際学力テストであるＰＩＳＡの一環で行われたいじめについての調査結果が含まれており、この調査では、過去12ヶ月のうちに「他の生徒から仲間外れにされた」「他の生徒にからかわれた」「他の生徒におどされた」「他の生徒に自分の持ち物を取られたり壊されたりした」「他の生徒にたたかれたり、押されたりした」「他の生徒に意地の悪いうわさを流された」の６項目について、どれくらい経験したかで調査されている。この調査によると、頻繁にいじめを受けている子どもは、そうでない子どもと比べて総じて生活満足度が低く、これは対象の33カ国で共通している。いじめの経験が子どもたちの生活全般に影響を与えることが示されているが、その中でも日本は、いじめを頻繁に受けていた子どもの生活満足度が最も低い。また、この報告書では、いじめを受けた被害経験は成人後においても、精神的・身体的健康の両面にマイナスの影響を与えるという、いじめの被害の長期的な影響についても指摘されている（ユニセフ、2021）。

　いじめの影響としては、例えばアメリカで学校での銃乱射事件が起こった際に、犯人がいじめの被害者であったことがしばしば言及されたり、また韓国でいじめなどの校内暴力の加害記録を大学入試の選考に反映させるといったことが議論されたりしており（朝日新聞2023年４月14日付）、いじめの社会的影響が注目されるようになっている。こうしたいじめへの注目の背景にあるのは、いじめが、実際の社会における対立や葛藤、差別や排除といった問題と密接につながっているという認識である。つまり、子どもたちの間での出来事だからといって、子どもの時期のみの一過性で終わるとみなしたり、子ども同士の遊びやふざけであって深刻な問題ではない、などと考えたりすることはできないという認識が、いじめを捉える前提になっているのである。

　諸外国において、このようにいじめが重大な問題と考えられている背景には、移民の増加や格差の拡大により、人々の間での分断や対立、貧困が深刻化している社会状況の中で、子どもたちの世界で起こっているいじめがそれらと

深く関連しているという問題意識である。つまり、そうした社会の中でのコンフリクトが反映した現象として、いじめは捉えられるのである（森田、2010）。このように考えると、いじめをそのまま放置したり、また被害を受けている者の側に責任があるとする考え方は、いじめのもつ負の影響力をより大きくしてしまったり、構造的な排除や暴力を是認し、正当化してしまうことになる。いじめがもつ影響力の大きさや、いじめが起こる構造的な問題を認識することが、今日のいじめ問題を考える上で必要になっているのである。

　現代における子どもの世界の問題は、社会全体の福祉や社会的な包摂との関わりの中で考えることが、大切な視点になっている。いじめ（bullying）は、ＯＥＣＤやユネスコといった国際機関による教育に関わる調査で一般的な調査項目になってきており、いじめ研究は北欧やイギリス、オランダなどでも精力的に取り組まれている。多くの国々でいじめがもつ深刻な問題性に目が向けられてきているのである。一方で、先ほど見たように、子どもの精神的幸福度ではきわめて低い水準にある日本において、いじめは社会問題として注目を集める一方で、その影響や社会的背景についての認識が十分なされてきたとは言い難い。子どもの世界で起こっている問題を軽視せず、その問題の広がりに目を向けることが必要である。

（2）「いじめ防止対策推進法」の成立

　今日におけるいじめへの対処を考える上で、まず参照する必要があるのは、2013年に成立した「いじめ防止対策推進法」である。この法律は、滋賀県大津市で起こったいじめの被害者であった中学2年生の生徒の自殺事件をきっかけにして、いじめの防止を目的に成立した法律である。この法律では、「児童等は、いじめを行ってはならない」（第四条）と明確にいじめの禁止を謳った上で、いじめの防止についての、国、地方自治体、学校設置者、学校、学校の教職員、保護者の責務を定めている。

　そして、「いじめの早期発見のための措置」として、定期的な調査や相談窓口の設置が掲げられており（第十六条）、いじめの把握がより一層きめ細かくなされるようになった。また、第二十八条で「重大事態」として、「一いじめ

により当該学校に在籍する児童等の生命、心身又は財産に重大な被害が生じた疑いがあると認めるとき。」「二　いじめにより当該学校に在籍する児童等が相当の期間学校を欠席することを余儀なくされている疑いがあると認めるとき。」の2つの事態が認められる場合には、事実関係を調査する組織を設置することが定められている。いじめによる心身の被害が深刻なものであったり、そのために学校に通うことができずに不登校になったりした場合に、組織的な対応が必要と法律で定められたのである。それまで被害にあった子どもたちが学校に通えなくなったり、転校をせざるを得なかったりしたように、被害者側の不利益によって、いじめへの対処がなされることが往々にしてあったが、法律によるいじめの重大事態への対応の明文化によって、学校や自治体の教育委員会等が問題の所在を明らかにする対応を行うことが求められるようになったのである。この法律によって、いじめへの対処は一歩踏み込んだものになったといえるだろう。今日の生徒指導では、いじめは基本的な人権の侵害であるゆえ許されず、もしもいじめが起こった場合には被害者が守られること、加害者がどのような責任を負うかといった事を、この法律を示しながら児童生徒に説明することが重要である。

（3）いじめの実態調査と認知件数の増加

　「いじめ防止対策推進法」では、早期発見のための調査の必要性が掲げられているが、いじめについての調査自体は1985年から継続して行われており、報告される件数は増加してきている。「児童生徒の問題行動・不登校等生徒指導上の諸課題に関する調査」を見ると、認知件数は大津のいじめ自殺事件が注目された2012年に大きく増加している。認知件数が多いことは、実数としていじめが多発しているという見方もできるが、いじめの早期発見のための調査や相談に熱心に取り組んだ結果として認知される件数が増加した、つまりいじめを防止することへの意識の高さを示しているとみることもできる。いじめが報告されることは、そのような積極的な意味も含まれるとされ、2012年度には、前年度から数倍の認知件数の増加があった自治体もあった。その後もいじめの認知件数の増加は続いており、**図6-1**に2010年度以降のいじめの認知件数の推

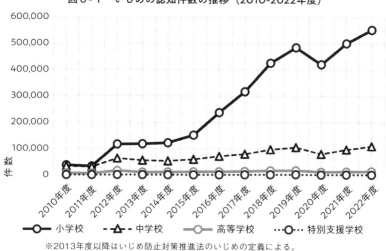

図6-1 いじめの認知件数の推移（2010-2022年度）

凡例: —●— 小学校　- -△- - 中学校　—○— 高等学校　…○… 特別支援学校

※2013年度以降はいじめ防止対策推進法のいじめの定義による。
「児童生徒の問題行動・不登校等生徒指導上の諸課題に関する調査」（2023）より作成

移を示したが、2012年度以降、とりわけ小学校での認知件数の増加が著しい。2020年度は、新型コロナウイルスの感染拡大に伴った一斉休校やオンライン授業の実施などの影響により件数の減少があったが、2021年度は、再び増加し、インターネットやスマートフォンを介したいじめを中心に増えているという。

　図6-1で分かるように認知件数全体が大きく増えており、小学校は2010年が3万6,909件だったのが、2022年には55万1,944件と増加が著しく、中学校も2010年が3万3,323件だったのが、2022年には11万1,404件で大きく増加している。1985年に調査が始まって以降、増減の波はあったが、2009年度以前では最大でも小学校は1985年の9万6,457件、中学校も1985年の5万2,891件だった。それを考えると、2012年度以降これまでにない規模のいじめが報告されていることが分かる。社会問題としてのいじめへの注目や法律の制定から、学校現場でのいじめに対するまなざしが大きく変化し、いじめを見逃してはならないという圧力が強く働いている様子もこうした認知件数の変化から見て取れる。

　それでは、重大事態とされるいじめの認知件数はどれくらいなのだろうか。

表6-1　いじめの認知件数のうち「重大事態」の件数の推移（2013-2022年度）

	小学校	中学校	高等学校	特別支援学校	計
2013年度	58	95	24	2	179
2014年度	117	281	51	0	449
2015年度	113	150	45	6	314
2016年度	119	186	88	3	396
2017年度	143	223	102	4	472
2018年度	185	287	122	4	598
2019年度	258	329	123	6	716
2020年度	196	228	84	4	512
2021年度	315	276	112	3	706
2022年度	390	374	156	3	923

※いじめ防止対策推進法第28条第1項に規定する「重大事態」に該当する件数
「児童生徒の問題行動・不登校等生徒指導上の諸課題に関する調査」（2023）より作成

　重大事態とは、先に見た2つの事態を指しており、2013年以降把握がなされているが、件数の推移は**表6-1**に示したとおりである。2013年度に合計179件だったのが、2022年には923件となっており、やはり増加傾向にある。

　いじめ防止対策推進法に定められた重大事態の際の対応についての具体的な指針としては、2017年に「いじめの重大事態に関するガイドライン」が文部科学省から出された。このガイドラインでは重大事態、なかでも被害者の自殺などの事態での事実関係を調査する組織のあり方について定めており、これが「第三者委員会」と呼ばれるものである。組織の性質については、「公平性・中立性が確保された組織が客観的な事実認定を行うことができるよう構成すること。このため、弁護士、精神科医、学識経験者、心理・福祉の専門家等の専門的知識及び経験を有するものであって、当該いじめの事案の関係者と直接の人間関係又は特別の利害関係を有しない者（第三者）について、職能団体や大学、学会からの推薦等により参加を図るよう努めるものとする」（文部科学省、2017）とあり、いじめについての客観的な調査が期待されている。しかし他方では、第三者委員会がなかなか組織されなかったり、重大事態であるという認定に時間がかかるなどの運用の不備が指摘されているほか、第三者の立場から

は当事者たちが置かれた状況などの踏み込んだ調査が難しいという声も出るなど、運用は未だ手探りであり、第三者がいじめを把握する調査方法等の模索が継続している。

3 いじめの構造

（1）いじめの四層構造論、優しい関係

いじめは、構造的な背景や社会的な性質が大きく関係しているが、具体的には、子どもたちの日常の人間関係という形であらわれる。普段は仲がよく見える関係の中で起こることも多いと言われている。そうした関係の中で、どのようにいじめは深刻化していくのだろうか。ここではいじめの構造についての代表的な研究から見ていきたい。

いじめが起こると、加害者と被害者にまず目が向くが、いじめを深刻化させていく鍵は、それらを取り巻く子どもたちの関係性にあることを指摘したのが、「いじめの四層構造論」である（森田・清永、1994）。自らが直接加害の側に立つ訳ではないが、積極的に面白がったり、いじめを是認する言動を行うような「観衆」、そして自らは何も関わりをもたず反応もしない「傍観者」、この二者が加害者と被害者の外側を取り巻くような関係ができることで、いじめは深刻化していくという。確かに、子どもたちの関係性を外側から見ている教師などの大人たちからすれば、周りの子どもたちがいじめを笑って楽しんでいたり、もしくは特に何も騒がずに過ごしているのであれば、子ども同士のふざけや遊びであって深刻な問題ではないとみなしてしまうだろう。つまり四層が構成されることによって、子どもたち同士の関係性の外側からは、いじめの被害やその深刻さが見えにくくなっていくのである。四層構造論は、"いじめられやすい性格の子がいじめられる"といった、個人の性格特性によっていじめを説明するのではなく、教室内の関係の力学によっていじめの構造を明らかにしていることが特徴である。関係性によって立場が変わり得ることから、加害者と被害者の入れ替わりやすさも四層構造論により指摘されている。

　つまりいじめが深刻化するかどうかは、周りの子どもたちの反応や行動が鍵になる。面白がったり、もしくは見て見ぬふりをする子どもたちが層を形成すれば歯止めは難しくなるが、それを止めたりもしくは大人に相談するといった行動ができれば抑止力となるという対処策が示せるのである。いじめの四層構造論は、1980年代にいじめが社会問題として注目され始めた頃に実証的なデータから導き出された理論であり、生徒指導に応用可能であることから、学校現場にも広く浸透してきた。

　他方で実際に観衆や傍観者の立場になったことのある子どもたちからすると、そうした抑止力になるような行動は難しいという実情もある。というのは、そうした行動によって、自分が次のいじめの対象になる可能性が出てくるからである。いじめを構成する関係性は固定したものではなく、流動性のある動的なものでもある。それゆえに、その関係性のバランスを崩すことは被害者が入れ替わり、自らがその立場になる危険性を高めることになる。こうした関係性の危ういバランスは、子どもたちの日常の中に独特の緊張感を生みだしている。土井は、現代の子どもや若者が互いの衝突や摩擦を回避するために繊細に気を配り続けることを「優しい関係」と呼んだが、潜在的には緊張関係の中にあり、いじめは、そうした関係性から意識をそらすためのガス抜きの形で行われるという（土井、2008）。

　いじめは、特別な特性をもった子どもたちの間で起こるというわけではなく、多くの子どもたちの普段の生活の延長の中にあると理解する必要がある。いじめの被害にあった子どもに対して、そのような関係からは離れればよいと大人は往々にして考えるが、子どもたちからすると、自分の居場所を失い、孤立することへの恐れや不安から、いじめがあってもその関係から離れることは難しいという（森田、2010）。目の前の関係から離れると、居場所がなくなると思ってしまっている子どもたちに、複数の関係や居場所があることを実感できるような関わりが、日常の中で求められているのである。

（2）いじめの定義の変遷

　このように見てくると、いじめは子どもたちの日常生活に深く関わっている

表6-2　いじめの定義（いじめ防止対策推進法）

第二条　この法律において「いじめ」とは、児童等に対して、当該児童等が在籍する学校に在籍している等当該児童等と一定の人的関係にある他の児童等が行う心理的又は物理的な影響を与える行為（インターネットを通じて行われるものを含む。）であって、当該行為の対象となった児童等が心身の苦痛を感じているものをいう。

ことが改めて見えてくる。今日では、法律によっていじめに対処するということが定められているが、そこに至るまでには、いじめをいかに把握するか、試行錯誤が繰り返されてきた。いじめの調査の中で用いられる定義は、これまでいじめの被害者の自殺が社会問題となるたびに、既存の定義の不備が指摘されて修正がなされてきた。調査の開始以後1994年と2006年の見直しを経て、2013年からは、「いじめ防止対策推進法」の施行に伴って**表6-2**に示す法律の条文が定義となっている。

　いじめの定義の変遷では、行為の外形的な特徴で判別できるような表現は削られ、いじめの発生場所も学校内に限定しないようになり、いじめの被害は被害者の感じ方を中心にするといったように、より幅の広い表現へと変化してきた。こうした定義の変化は、外側からのいじめの捉え難さも示している。また、定義の変更とともに報告される件数は大きく変動しており、これはいじめを数で表すことの難しさとともに、外側からは判別し難いゆえに解釈がゆらぎやすく、社会の注目の強弱などいじめに対する社会的なまなざしが反映しやすいことを示している。このように客観的な把握は難しくはあるが、いじめの定義の模索は、それを可視化して対象化するための試みでもある。子どもたち自身でいじめを言語化することも重要である。いじめとはどのようなものであり、それがなぜ許されないかを、子どもたち自身が主体的に考えることが、今日の生徒指導では求められているといえよう。

（3）いじめの様態の多様性

　子どもたちはどのようにいじめを経験しているのか、直接それを把握することは難しいが、追跡調査によってそれに迫る試みもなされている。子どもが直

表6-3　いじめ追跡調査でいじめの被害を表す質問

「新学期になってから学校の友だちのだれかから、次のようなことをどのくらいされましたか」に対して、「一週間に何度も」「一週間に1回くらい」「一か月に2～3回くらい」「今までに1～2回くらい」「ぜんぜんされなかった」で回答する。
・仲間はずれにされたり、無視されたり、陰で悪口を言われたりした
・からかわれたり、悪口やおどし文句、イヤなことを言われたりした
・軽くぶたれたり、遊ぶふりをして叩かれたり、蹴られたりした
・ひどくぶつかられたり、叩かれたり、蹴られたりした
・お金や物を盗られたり、壊されたりした
・パソコンや携帯電話で、イヤなことをされた

※国立教育政策研究所生徒指導・進路指導研究センター（2016）15ページより作成

接回答する形式のいじめの調査としては，国立教育政策研究所が実施した2013年から2015年の3年間のいじめの追跡調査がある。小学生と中学生の2つの集団を3年間追跡してその間のいじめ経験の変化を調査しており、この調査で用いたいじめの被害の具体的な文言は**表6-3**に示したとおり、子どもたちが自分の経験を具体的に当てはめるような表現になっている。

　この調査から明らかになった特徴は、多くの子どもたちが入れ替わりながらいじめに巻き込まれており、小学校、中学校ともに「仲間はずれ、無視、陰口」の経験率が高く、「軽くぶつかる、叩く、蹴る」といった、海外では経験率が高いとされるようないじめは、それを下回っていたということである（国立教育政策研究所生徒指導・進路指導研究センター、2016）。ここからも、いじめの経験は限定された少数の子どものみではなく、多くの子どもたちが当事者になっていることが分かる。

　その一方で「『暴力を伴ういじめ』は『暴力を伴わないいじめ』とはかなり異なるもので、どの子供にも起こりうると単純には言えない」（前掲書、13ページ）ことも指摘がされている。「ひどくぶつかる、叩く、蹴る」といったいじめの場合には、被害や加害を繰り返す子どもは少数で、かつ限られているという。つまり、仲間はずれや無視といったいじめは多くの子どもたちが加害者・被害者ともに入れ替わりながら経験をしているが、他方で暴力によるいじめ

は、少数の固定した加害者・被害者の間で起こっているのである。

　ここからは、いじめの中には質的に異なる様態が混在していることが垣間見える。多くの子どもたちが流動的に当事者として巻き込まれるゆえに、いじめに対する恐怖心は共有されるものになっているが、他方でそうした多くの子どもたちに経験されるいじめとは質的に異なる、より直接的な暴力によるいじめも少数ながら存在し、その加害者・被害者の関係は固定している。それらは「重大事態」に該当することが考えられるが、いじめと一口に言っても、無視や陰口のようないじめが多数の一方で、ひどい暴力や窃盗を受け続けていたようないじめも存在し、性質の異なる様態があることをふまえた把握が必要である。

4　被害者に寄り添った対応に向けて

（1）いじめの未然防止

　今日、いじめにはどのような対策が求められているのだろうか。まずは、いじめとは人権侵害であり、冗談や遊びであっても、他者をおとしめたり、無視をする、叩くといったことは許されないことを確認し、それを普段の生活から子どもたちが学んでいくことが、いじめの防止において大切なアプローチになる。

　いじめを考える際には、人権を具体的に捉えることが必要になる。弁護士である佐藤によると、不安や恐怖なく日々生活するための「安心の権利」、ありのままの自分を大切でかけがえがないと感じることのできる「自分の価値を実感できる権利」、自分自身の重要なことは自分で決める「自分で決め・自分の意思が尊重される権利」の３つの人権を、子どもたちが自分の経験や普段感じていることに引きつけながら理解することが重要となる（佐藤他、2023）。子どもたち自身、自分が周囲の子どもたちから無視をされたり、馬鹿にされて嫌な思いをしていても、それを他の子どもたちが楽しんでいると、「これは、いじめなのだろうか」と迷う気持ちから、なかなか相談できないということも多

い。それゆえ、子どもたちが普段感じる不安や嫌な気持ちを言葉にして、身近な大人や友だちに相談できるような環境をつくることも大切である。重大事態へ発展していく前に、いじめが起こっていくプロセスの早い段階で、子どもたち自身がその問題性に気づくような働きかけが教育実践の中では必要となる。

　防止することの大切さと同時に、いじめが起こったときには、それを認識して情報共有しながら対応していくことも重要である。いじめが防げなかったことで、教師の側が自責の念をもつこともあり得るが、先に見たように、いじめは大人からは気づきにくい構造の中で進行する。また、教師が子どもたちの様子に気持ちを向けることが難しくなってしまうという観点からも、多忙の問題は解決が急がれる課題となっている。子どもたちの様子に目を向け、小さなサインに気づけるような余裕が、教師などの周囲の大人たちに必要なのである。

（2）被害者を優先したいじめ対応へ

　いじめが社会問題となる中で、"無理に学校に行かなくてよい"というメッセージがメディアから発せられることをしばしば目にするようになった。いじめにあって学校に行くことが怖くなるような状況に置かれた子どもたちには、一見すると救いの言葉に思える。しかし、それはいじめの被害にあった子どもたちの側が、教育を受ける権利を侵害されることにつながりかねないという側面もある。これを内田は「やさしい排除」（斉藤・内田、2023）と指摘した。いじめの被害者の子どもの方が別室登校になったり、転校をするといったことは、はたしていじめの被害にあった子どもの人権を最優先する解決策といえるのか、今いちど再検討が必要である。

　いじめはややもするとタブーのように扱われるが、いたずらに不安や感情を煽るようなやり方でいじめを語るのではなく、調査データやいじめについての研究の知見をもとに、理性的にいじめと向き合うことが重要である。そしていじめへの対処を考える際にも、学校は子どもたちの人権を保障する場でなければならない、という大原則を再確認することが必要なのである。

? 考えてみよう

1. 「児童生徒の問題行動・不登校等生徒指導上の諸課題に関する調査」の最新のデータから、現代のいじめの特徴を5つ挙げてみよう。
2. 小学校低学年くらいの子どもたちに分かるように、「いじめ」が許されないことを説明するにはどうしたらよいか考えてみよう。

📑 読んでみよう

1. 「ストップいじめ！ナビ」https://stopijime.jp/adult/index.html
   （いじめや嫌がらせから脱するための相談窓口や情報を掲載したサイト。）
2. 佐藤香代他『いじめ防止法 こどもガイドブック』子どもの未来社、2023年（子ども向けに人権や法律の観点から「いじめ対策防止法」が解説されている。）

【引用・参考文献】
・朝日新聞「いじめた記録、入試選考に反映　韓国の大学一般受験、26年から」（2023年4月14日付）
・土井隆義『友だち地獄―「空気を読む」世代のサバイバル』ちくま新書、2008年。
・北澤毅『「いじめ自殺」の社会学』世界思想社、2015年。
・国立教育政策研究所　生徒指導・進路指導研究センター『いじめ追跡調査2013-2015　いじめQ&A』2016年（http://www.nier.go.jp/shido/centerhp/3.htm）
・文部科学省『いじめの防止等のための基本的な方針』（最終改訂2017年）2017年（http://www.mext.go.jp/component/a_menu/education/detail/__icsFiles/afieldfile/2017/04/05/1304156_02_2.pdf）
・文部科学省『令和4年度 児童生徒の問題行動・不登校等生徒指導上の諸課題に関する調査』
・森田洋司『いじめとは何か―教室の問題、社会の問題』中公新書、2010年。
・森田洋司・清永賢二『新装版　いじめ―教室の病』金子書房、1994年。
・佐藤香代他『いじめ防止法 こどもガイドブック』子どもの未来社、2023年。
・斉藤環・内田良『いじめ加害者にどう対応するか―処罰と被害者優先のケア』岩波ブックレット、2023年。
・UNICEF『イノチェンティ　レポートカード16　子どもたちに影響する世界―先進国の子どもの幸福度を形作るものは何か』2021年。

第 **7** 章

暴力行為・少年非行への対応

仲野 由佳理

本章では、暴力行為の種類や非行の背景について理解を深めるとともに、警察・福祉・司法等の関係諸機関と学校の協力的な関係や、実際の連携例について紹介する。特に近年、非行防止及び再非行防止の観点から、文部科学省と法務省の連携強化が進み、これまで学校教育とは距離のあった司法機関（例えば、法務少年支援センターなど）の専門性を活用した取組も増えている。文部科学省の推進する「サポートチーム」の活用可能性に加えて、こうした新たな展開をふまえて、暴力行為や非行への対応に関して具体的に説明する。

1 子ども・若者を取り巻く環境の変化

　2023年7月27日、東京都青少年問題協議会は、東京・歌舞伎町の一角にある行き場を無くした少年たちの集う場所、通称「トー横」をめぐって、ＳＮＳを用いた情報収集や相談窓口の設置を盛り込んだ案を小池百合子都知事に答申した。この「トー横」という言葉は、家庭や学校に居場所がない子ども・若者たちが繁華街で集う場所をあらわしたもので、ほかにも大阪・ミナミの「グリ下」や名古屋・栄の「ドン横」なども知られている。こうした場所に集う子ども・若者の背後には、非行や貧困、虐待や暴力や、学校からのドロップアウト、より深刻な非行・犯罪に巻き込まれるリスクなど、複雑な問題が垣間見える。

　子ども・若者の健全育成の観点からも、深刻な状況に行き着く前に早期発見・早期介入を行う必要があるだろう。日中の多くの時間を共に過ごす「学校教育（教師）」の役割はきわめて大きいが、暴力行為や非行は、時として児童生徒同士の関係を「被害者—加害者」へと分断するものであり、教師としても慎重に対処する必要がある。対処を誤れば、児童生徒が教師に対して心を開いて相談することも、事実を正直に語ることも難しくなるだろう。教師の思い込みによる叱責、加害・被害の背後関係への無頓着さ、法や制度への無理解。こうした一つ一つの出来事が、児童生徒や保護者を不安にさせ、教師や学校への不信感を高める契機となってしまう。

　児童生徒の問題行動に対しては、教師だけではなく、多領域の専門家の助力を得て対応する必要がある。教師に必要なのは、学校における生徒指導上の体制づくり（内部連携）を理解することに加え、外部連携に向けた関連領域の動きに関する具体的なイメージをもつことだ。本章では、問題行動の予防と再発防止に関して、関係機関等を具体的に例示しながら説明していきたい。

2 暴力行為の種類と学校における対処

　暴力行為や非行をめぐる対応には、事例に応じて学校内外でさまざまな連携・協働が必要となる。例えば、市区町村・児童相談所（福祉分野）、警察・検察庁（捜査関連分野）、家庭裁判所・少年鑑別所・少年院（司法分野）、警察・少年サポートセンター等（警察分野）だ。事例の背後にある諸要因によって、どの機関と連携を図るかは異なるので、それぞれの機関の役割は知っておくべきだろう。

　さて、学校内で恒常的に対応する問題行動として「暴力行為」がある。まずは、この「暴力行為」が示すものと対応を説明するところから始めよう。「暴力行為」とは、自校の児童生徒が起こした暴力行為を指しており、「生徒間暴力」「対教師暴力」「対人暴力」「器物損壊」の4つの種類がある。まず、「生徒間暴力」は、学校内で起きる暴力・諍い・喧嘩・恐喝、他校生徒のトラブル等のことだ。被害者・加害者共に自校の児童生徒が含まれるため、思い込みで一方に肩入れすべきではない。被害者は、被害内容によっては「恥ずかしい」「言いにくい」などのためらいが生じる場合があるので、共感的な姿勢が重要となる。加害者に対しても、暴力的なコミュニケーションの問題性を理解できるよう働きかける必要があり、それぞれの保護者への説明・情報共有が必要となる。

　次に「対教師暴力」は、教師に対する暴力行為や暴言・授業妨害等のことだ。児童生徒と教師の間に暴力が持ち込まれるので、教師の働きかけが無効化される、授業が進められずにほかの児童生徒にも被害が広がる等の二次的な問題が懸念される。暴力への対応には、教職員で共通認識をもち、保護者とも情報を

共有して事態の沈静化を図る必要がある。さらに「対人暴力」は、通行人や（偶然通りかかるなどの）他校生への暴力のことで、学校外で発生するものが念頭に置かれるので、校内の対応のみならず、教育委員会や警察等との連携が必要だ。「器物損壊」は、落書きや壁・トイレ・窓等の破壊行為のことで、上記３つとは異なり「モノ」に対する暴力である。しかし、器物損壊行為がエスカレートし、より大きな問題を引き起こすこともあるので、迅速な対応が求められる。

　暴力行為は、人や物を傷つける行為であり、「被害者」が存在する。だからこそ、「暴力はいけない」という毅然とした態度、一貫した姿勢が必要であるが、**図7-1**で示したように、暴力に至る背景には、発達的な特性や養育環境の問題、強い不安などの感情との向き合い方の問題等、さまざまな要因が絡んでいる。それらが暴力や問題行動として表面化しているならば、その原因となる一次的な問題を解決・解消しなければ、根本的な解決にはつながらない。

　こうした暴力行為や非行への対処には、①予防的対応（発達支持的生徒指導・課題予防的生徒指導）、②問題解決的対応（困難課題対応的生徒指導）、③事後的対応（困難課題対応的生徒指導）の３段階がある。①は、暴力防止や各種非行防止教室、法教育や人権教育などの予防的な働きかけを各学校段階で行うことが想定される。早期発見・対応に関する教員研修やスクールカウンセラー及びスクールソーシャルワーカーの配置もこれに該当する。予防的対応は、暴力や問題行動に関する知識や回避行動の獲得を目指すので、児童生徒の能動的な参加が望ましい。事例によっては、児童生徒の主体性を活かしながら問題解決を図ることで、課題解決能力・問題解決能力の育成につなげる必要もある。

　一方、②は、実際に起きた暴力や問題行動に対する解決過程における組織的な対応で、５で後述する「サポートチーム」の形成・対応に関わる。緊急的な対応を要する場合は、教師や専門家主導での対応になるため、①とは異なり「専門家主導」の「治療的介入」となる。③は、暴力や問題行動が一応の沈静化を迎えた後、再発防止の観点から行われる対応である。被害者に対する心身のケアはもちろん、加害者による被害者への謝罪（あるいは弁償・弁済）、再

図7-1　暴力と背景要因の関係

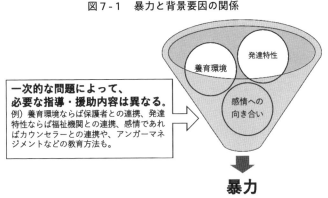

一次的な問題によって、
必要な指導・援助内容は異なる。
例）養育環境ならば保護者との連携、発達
特性ならば福祉機関との連携、感情であれ
ばカウンセラーとの連携や、アンガーマネ
ジメントなどの教育方法も。

発達特性

養育環境

感情への
向き合い

暴力

発防止に向けた個別的な対応が想定される。

　学校を中心とした対応では、教師と専門職間の情報連携・行動連携が重要な
意味をもつ。特に、予防的／再発防止に向けた働きかけは、被害者への十分な
配慮と支援を行うと当時に、加害者に対しても教育的な意図に基づく働きかけ
を要する。しかし、「逮捕・補導される」「裁判に至る」ケースの場合では、学
校や教師の関わりは限定的なものとならざるを得ない。

3　警察に逮捕された後はどうなるのか？

　自校の児童生徒が、暴力行為や非行により警察に逮捕・補導された場合、ど
のような法的責任が課せられ、どのような道筋を辿ることになるのか。学校と
警察の間には、学校警察連絡協議会（警察署の管轄区域や市町村等を単位に設
立）や学校・警察連絡制度（学校と警察の間での情報共有に関する協定）[1]が
設けられ、恒常的な情報連携体制が構築されている。警察は少年相談窓口など
を開設しており、教師自身が困った時でも相談することができるなど、強固な
協力関係を築いてきた。

　しかし、児童生徒が深刻な暴力行為や非行に至れば、教師による教育的な働
きかけでは解決しない。そもそも「暴力行為」は、法律に照らし合わせれば、

（暴力の程度や形態にもよるが）暴行（刑法208条）・傷害（同204条）、器物損壊（同261条）に該当する刑事責任を問われる犯罪行為である上、民事責任としては、概ね11歳・12歳を目安として治療費等の損害賠償（民法709条、713条）の責任を負う。学校は「小さな社会」であるがゆえに、加害児童生徒は罪の意識をもちにくいし、教師自身も「犯罪行為である」という実感をもちにくい。その「認識のずれ」が時として、事態の深刻化を招くことがあるので注意が必要だ。

　もし、警察に逮捕されて身柄を関係機関に拘束されれば、「触法少年」「犯罪少年」として扱われる。警察及び司法手続きに則って状況が動くので、警察での取り調べの様子、手続きの進捗、加害児童生徒の心情等、その詳細を学校が直接的に把握するのは難しい。来るべき再登校日に向けて、被害児童生徒との関係、加害児童生徒の受け入れ体制等を整える必要があるが、それには「逮捕された後」に関する具体的な知識が必要となる。

（1）児童福祉法による措置とはどのようなものか

　警察の捜査が開始されるにあたり、当該児童生徒の年齢や行為内容で「福祉分野」か「司法分野」か、その手続きが変わる。ここが難解だが、さしあたり「14歳未満であるかどうかで手続きが異なる」という理解でよいだろう[2]。14歳未満は「触法少年」（14歳に満たないで刑罰法令に触れる行為をした少年のこと。少年法第3条[1]）として扱われ、原則として、児童福祉機関による措置に委ねられる（「児童福祉機関先議の原則」（児童福祉法第25条、少年法第3条2）。もちろん、殺人等の重大な事件への関与などにより、強制的措置を有する場合には、家庭裁判所送致が優先されるが（少年法第6条7）、原則的には、14歳未満の児童生徒に対しては児童福祉法が優先される。

　その手続きは、第一に児童相談所に対する非行相談等を利用して、保護者や学校からの相談、警察から通告されるものがある。児童相談所の支援・援助を受けながら、在宅で当該問題行動の改善を目指すが、保護者の元での改善が難しい場合には、一時保護所で身柄を保護される[3]。重大な非行事案の場合は、児童相談所から家庭裁判所へ送致され、少年審判の対象となる（**図7-2**）。

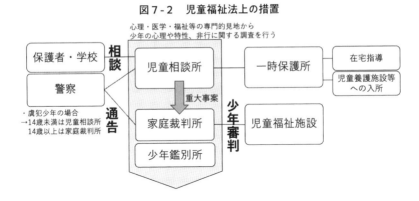

図7-2　児童福祉法上の措置

　家庭裁判所の審判で児童福祉施設送致の決定が下されれば、保護者の元を離れて福祉施設で過ごしながら問題の改善を目指す。主な送致先は児童自立支援施設（児童福祉法第44条）で、原則自由で開放的な環境の中で教育・支援を受ける（開放処遇の原則）。後述する少年院のような24時間拘禁生活ではないが、当分の間は自宅に戻れない。そのため、通学継続に支障は出るが、教育の保障のために施設内の分室・分校に通学するか、在籍校へ通学するかのいずれかを選択できる。ただし、分室・分校に通学する場合でも、学習の進捗に関して在籍校との連絡調整が必要であるし、在籍校に引き続き通学する場合でも、学習の進捗のほか、同級生や上級生・下級生などの周囲との関係にも配慮が必要となる。保護者や本人の意向に基づき、学校内での体制づくりに加えて、児童自立支援施設側との情報共有・連携が必要である。

（2）少年司法手続きで「保護処分」になるとはどういうことか

　一方、14歳以上の場合は、少年法上の手続きに則って、家庭裁判所での調査・審判へと進む。この時、家庭裁判所の求めに応じて対象者の鑑別を行うのが少年鑑別所である。少年鑑別所は、鑑別業務（少年鑑別所法第3条1、2）と地域援助事業（少年鑑別所法第3条[3]）の2つの業務を担い、前者は観護措置の対象となった少年に対して健全な育成のための支援等の観護処遇を、後者は地域社会における非行及び犯罪の防止に関する援助を行う。「鑑別」とは、

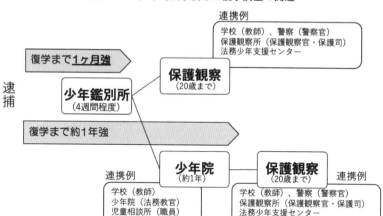

図7-3　少年司法手続きと復学調整の関連

家庭裁判所で観護措置の手続きが行われた少年を対象として実施され、医学・心理・教育学・社会学などさまざまな専門知識や技術を用いて、多角的に非行・犯罪に至った背景や原因（資質や環境的問題）が調査される。入所期間は原則2週間だが、1回の更新が可能で最大4週間で退所に至る。

　鑑別所入所となれば、保護者の元を離れて管理された空間での生活を余儀なくされ、当然学校に通うことはできない。面会は原則保護者に限られるが、特別な許可が得られれば、教師でも面会できる。令和4年（2022）版『犯罪白書』によれば、入所人員のうち、少年院送致（25.8%）・検察官送致（1.9%）などの矯正施設入院等は全体の3割弱にとどまり、約7割は児童福祉施設送致等の開放処遇か保護観察などの社会内処遇に移行した。これは、入所する少年の大多数が、数週間のうちに社会生活及び登校を再開する可能性があることを示している。少年院送致の場合でも、1年程度で社会復帰を果たすので、復学に向けた支援が必要である。

　一連の手続きは、学校側から見えにくいので、保護者との連絡を密にして自校の児童生徒が置かれた状況を把握する必要がある。特に、少年審判では、復学や学校での指導の状況等に関する学校長や教師の協力・連携体制も、審判を

左右する材料になる。仮に少年院送致となっても、再非行防止のためには、学校と関係機関の協力体制は継続される必要がある。

　近年、少年鑑別所や少年院を経験した児童生徒の復学に関して、再犯防止の観点から、文部科学省と法務省の連携は緊密になりつつある。平成28（2016）年12月に「再犯の防止等の推進に関する法律」（平成28年法律第104号）が公布・施行され、平成29（2017）年12月15日には「再犯防止推進計画」が示された。5つの基本方針に加えて示された7つの重要課題の一つに「学校等と連携した修学支援の実施等」が掲げられ、法務省は令和元（2019）年6月12日に「保護観察・少年院送致となった生徒の復学・進学等に向けた支援について」を、同年7月3日に「「再犯防止推進計画」を受けた児童生徒に係る取組の充実について（通知）」を発出した。この中で、少年鑑別所や少年院から復学する児童生徒の受け入れ体制を整える、関係機関との連絡調整を緊密にするなどの方針が示されている。

4　司法機関との連携にはどのようなものがあるのか

　では、実際にどのような連携が考えられるのか。児童福祉や医療、心理に関しては、スクールカウンセラーやスクールソーシャルワーカーの導入によって、身近な存在・機関として認識されるようになってきた。しかし、司法分野の機関とのつながりは限定的であり、相互理解が十分とはいえないのが現状であろう。そこで、参考までに「保護観察・少年院送致となった生徒の復学・進学等に向けた支援について」（令和元（2019）年6月12日）から連携例を紹介しよう。

（1）少年鑑別所／法務少年支援センターとの連携

　すでに説明したように、少年鑑別所は4週間と在所期間が短い。その間、学校は欠席となるが、社会生活を再開するにあたって学習の遅れが問題とならないよう、在所中に学習支援を受けることができる。とはいえ、少年鑑別所生活への慣れや少年審判に向けてさまざまな調査が行われるので、児童生徒の心情

が安定するまでには時間を要することがほとんどであろう。この不安を感じやすい時期に面会等で教師とのつながりを維持することは、社会とのつながりを再認識する、社会生活再開への具体的なイメージをもつなどの点で、非行や問題行動からの立ち直りに効果的に作用する。

　この少年鑑別所は、2015年に「地域援助事業」として「法務少年支援センター」の業務を開始した（少年鑑別法第131条）。旧少年院法においても行われていた「一般少年鑑別」を拡大したもので、保護者や個人からの相談に応じる「個人援助」と、関係機関からの求めに応じて技術的な援助を行う「機関援助」に分かれる。後者の機関援助では、福祉・保健機関や教育機関との連携件数が大きく伸びており、令和4（2022）年版『犯罪白書』によれば、令和3（2021）年の機関等からの地域援助依頼元の総数9,239件のうち、教育関係機関（学校・教育委員会等）からの依頼は3,019件で最も多い。

　法務少年支援センターと学校との連携例としては、問題行動が目立つ児童生徒に対する面接や心理検査等の実施、特性に応じた指導法の助言がある。また、職員研修への講師派遣や事例検討会への出席（見立てや指導方法に関する助言等）、児童生徒に対する法教育の実施など、専門的知識を活かした支援・援助が可能である。

（2）少年院と学校との連携

　では、1年ほどの期間を過ごす少年院の場合はどうであろうか。少年院では学校教育法に基づく学習支援が行われるので、入院した児童生徒の在籍校との連携が必要となる。その理由は、在籍校が少年院での学習状況を正しく把握していることが認められれば、保護者が就学義務の猶予・免除を願い出る必要はなく、学校教育法に準ずる教科指導を受けた日数は「出席扱い」にすることも可能だからだ[4]。少年院での生活が残りわずかとなると、少年院では社会復帰に向けた準備が開始されるが、在籍校で引き続き通学を希望するのであれば、復学に向けた調整も必要となる。

　また、中学校での在籍を継続した少年が、少年院の入院期間中に卒業を迎える場合には、学校は上記のような学習状況をふまえて成績評価及び卒業の認定

を行うことができる。在籍校の卒業式への参加は難しいが、こうした事例に対応すべく、少年院では毎年卒業証書授与式を行う。校長や代理教師の出席が可能で、校長や代理教師の手から直接、卒業証書を授与することもできる。

　一方、高校在籍者の場合は、義務教育段階とは異なり、休学・退学となるケースがあるので、在籍校と積極的に連絡を取り合うようなことはない。ただし、通信制高校の生徒の場合には、スクーリングを出院後に変更するなどの方法で、在籍継続は十分に可能である。学校への復学は、更生・立ち直りにおいて重要な要素となる。その理由は、児童生徒の最終学歴が就職活動や就職後の待遇に影響を与えるから、進路の選択肢が狭まるから、というのはもちろんのこと、日中の「居場所を確保」することが再非行防止に効果的だからだ。

　こうした学校と少年院の連携の興味深い事例として、県立宇都宮高校通信制課程と喜連川少年院との「高校教育の提供」をめぐる連携がある（仲野、2020）。少年院在院者の学歴は「中卒」「高校中退」にとどまることが少なくないが、高校進学率が上昇する中、就労支援ではその「学歴」が大きな壁となる。そこで「高卒」に向けて支援すべく開始された連携だ。実現には相当の苦労があったが、その苦労を乗り越え1974年4月に入学式を迎えると、少年院内にスクーリング教場を設けて高校の教員が直接在院少年を指導する体制づくりや、在院生が本校に出向く本校スクーリングの実施、本校の行事への参加など、さまざまな試みが行われた。1970年代当時、「在院中から高校生として修学する」ことで、社会内の支援者と継続的に関係をもちながら社会復帰に備える体制がつくられたのは画期的なことだった。そして、現在でも続く、この取組が組織的な壁を越えた協働体制をつくり、維持することの可能性を示した好例である。

（3）保護観察所との連携

　保護観察所は、保護観察官と保護司（民間のボランティア）が連携しながら、犯罪や非行に関与した人々の社会復帰を支援・指導するための機関である。少年に対する保護観察には、家庭裁判所の決定で保護観察になった少年（1号観察）と、少年院から仮退院をして保護観察になった少年（2号観察）の2つが

ある。保護観察中は、健全な生活態度を保ち、保護観察官／保護司の面接を受けること（月2回程度）が求められる。原則20歳までだが、支援がなくても確実に更生・立ち直りに至ると認められた場合には、20歳を待たずに解除されることもある。

　保護観察は、通常の社会生活を送りながら更生・立ち直りに向けて指導・援助するもので、学校への通学も可能であるが、非行内容によっては通学継続のために被害者との調整が必要であったり、それまでの学校生活や交友関係で、すでに問題を抱えていることもある。また、保護観察期間中は「遵守事項」（「一般遵守事項」と「特別遵守事項」に分かれており、これに違反すると少年院送致などの措置を執られる場合がある）の制約があり、生活のあり方や交友関係も「以前と同じ」という訳にはいかない。こうした児童生徒の背景を理解して、教師も助言・指導にあたる必要がある。なお保護司は、児童生徒の非行歴を知った上で本人と家族を支える助言者の一人であり、学校以外の地域や家庭での様子を把握している。児童生徒の心情・行動理解に向けて、教師と協働的な関係を築く必要があるだろう。

　また、保護司と学校との連携は、予防教育の実施に寄与する。例えば、犯罪予防に関する活動として、非行防止教室（薬物乱用防止・喫煙防止・飲酒防止・万引き防止等）の実施や生徒指導担当教員等への講演・勉強会などだ。非行少年の支援に携わる保護司だからこそ、非行の実態や支援の具体例に関する情報に詳しく、教師にとっても対応スキルを磨く上で重要なヒントが得られるだろう。

5 「サポートチーム」を活かすには

　児童生徒のケアや立ち直りのために何ができるかは、教師による「各種制度に対する理解」（知識）だけではなく、「関連機関（専門職）との協働的な関係づくり」（態度）が必要だ。そこで考えたいのが「サポートチーム」を効果的に活用するという点だ。サポートチームは、「問題行動を起こす個々の児童生

徒について、学校や教育委員会と児童相談所、保護司、児童委員、警察などの関係機関等が情報を共有し、共通理解の下、各機関の権限等に基づいて多様な指導・支援を行うために形成されるもの」である[5]。文部科学省は、「サポートチーム等地域支援システムづくり推進事業」（平成14年（2002）度から）や「問題行動に対する地域における行動連携推進事業」（平成16年（2004）度から）を実施し、地域社会における支援体制を充実させている。

　問題行動への対応に向けて、サポートチームを形成するには、2つの方法がある。まず一つ目は、校長が要請主体となり市町村教育委員会へ対して要請するもので、教育委員会がサポートチームの事務局的な機能を果たす。二つ目は、警察のサポートネットワークを活用するもので、警察本部少年係（少年サポートセンター）が事務局的な機能を果たす[6]。平成16（2004）年「関係機関等の連携による少年サポート体制の構築について（通知）」（平成16年9月14日）では、サポートチームの活動として、①情報・問題意識の共有、②共通理解・方向性を持った指導・支援、の2点を挙げている。学校（教育）・警察（警察）・児童相談所（福祉）・保護司（司法）に加え、各種ボランティアや病院等の連携が想定されるが、事例や状況に応じて関係機関が選定される。校区内ネットワークや保護者の参加も、特に養育環境・態度と問題行動との関連があるなど、保護者の協力なくしては解決が難しい場合に、検討すべきだ。

　とはいえ、多様な組織や専門職が集えば、互いの「認識のずれ」や「思い込み」から、ディス・コミュニケーションが生じるリスクは高くなる。重要なのは「素晴らしいメンバーを選出する」だけではなく、さまざまな組織や専門職のそれぞれの立場に対する理解を深め、協働的な関係を構築・維持することだというのを忘れてはいけない。

コラム　認知行動療法を活用した心理教育
－SST、アンガーマネジメント、アサーション・トレーニング－

教育場面における、生徒指導上の諸問題に対する予防的な働きかけの方法と

して、近年、認知行動療法を活用した教育が学校教育で注目されている。認知行動療法は、1970年代のアメリカで開発された、「ものの受け取り方や考え方（認知）」に働きかけてストレスを軽減したり、行動を変えていく精神療法だ。特に、何かの出来事に対して自動的に浮かんでくる考え方を「自動思考」と定義し、自動思考と現実のズレに対する気づきを促す。

　この認知行動療法に基づき開発された技法として、ＳＳＴ（ソーシャル・スキルズ・トレーニング：社会適応訓練）、アンガー・マネジメント、アサーション・トレーニングがあるが、これらは教育の場でも実践されている。ＳＳＴは社会生活で役立つさまざまなスキル（特に対人関係）を向上させる訓練、アンガー・マネジメントは怒りの感情との向き合い方・付き合い方を学ぶ訓練、アサーション・トレーニングは自他を尊重するための適切な自己主張スキルの訓練を行うものである。上記の技法は、条件反射や古典的条件づけ、オペラント条件づけのような学習理論との関連があるという点でも、教育学とも馴染みがよい。認知行動療法は、問題行動の減少に関するエビデンスのある方法であるので、教育場面での導入にも期待が寄せられている。特に、石川・小野（2020）は、個別的・集団的アプローチへの活用に加えて、チーム学校に基づくアプローチにおける活用可能性を示している。

　複雑化する問題行動の背景・状況への理解を深めるだけではなく、児童生徒自身に、自らの感情や行動を主体的に振り返る力、社会的な場面や問題状況への具体的な対処スキルを学ばせたいのであれば、こうした実践的な方法を用いることも重要であろう。なお、学校での実践例に関しては、鈴木・伊藤ほか（2019）でも紹介しているので、一読してほしい。

【注】
1）「児童生徒による非行事案等に係る学校と警察の連絡運用要領」（平成18年2月17日　教育委員会訓令第1号）
2）「虞犯少年」の場合は18歳未満までが児童福祉法の措置が優先されるので、必ずしも「14歳」で線引きできるわけではない。18歳未満に関しては基本的に児童福

祉法の措置が前提ではあるが、福祉分野での支援・援助で改善を目指すのが望ましいか、（逮捕になれば）警察・司法分野での支援・援助に移行せざるを得ない状況か、状況に応じて臨機応変に判断されているものと思われる。
3）　一時保護所から在籍校への通学は難しいが、一時保護期間の長期化、受験対応等の特別な事情がある場合には特段の配慮が必要とされ、教育委員会等とも連携をして就学機会の確保に努めることになっている。
4）　学校からの申し出があれば、在院生に対して在籍校の定期テストや教材・プリントの遠隔学習も可能である。
5）　文部科学省「問題行動への対応について」(https://www.mext.go.jp/a_menu/shotou/seitoshidou/04121505/001.htm)
6）　そのほか、児童虐待に関連して児童相談所等への相談・通告に加え、児童虐待防止ネットワークを活用した支援となる場合には、市町村の児童福祉関連の課が事務局的な機能を果たすことになる。

？考えてみよう

1．10代の若者をめぐる社会問題（貧困・虐待・ヤングケアラー・障害等）について調べ、問題を起こす前に教師に相談してもらうためには、教師のどのような態度や働きかけが必要かを考えよう。
2．暴力行為や非行事案への対応について、被害児童生徒及び加害児童生徒の保護者の協力を得るための信頼関係を築くために、教師に求められる態度はどのようなものかを考えよう。また、保護者を取り巻く問題（働き方、貧困、病気等）との関連について調べてみよう。

読んでみよう

1．少年の社会復帰に関する研究会編『社会のなかの少年院―排除された子どもたちを再び迎えいれるために』作品社、2021年。
2．松本俊彦編『「助けて」がいえない　子ども編』日本評論社、2023年。

【引用文献】

・石川信一・小野昌彦「教育分野への認知行動療法の適用と課題」『認知行動療法研究』第46巻第2号、2020年、99〜110ページ。
・仲野由佳理「少年院在院中の通信制高校への就学がもたらしたもの：高校通信制課

程に関する歴史的検討」『刑政』第131巻第8号、2020年、10〜21ページ。
・鈴木伸一・伊藤大輔・小関俊祐『トラウマ対処・ストレスマネジメントのための学校・学級集団で使える認知行動療法実践集』、2019年。

第 8 章

児童虐待

橋本 尚美

児童虐待に関しては、法改正が重ねられ、防止対策の強化も進められるなか、児童虐待相談の対応件数は増加し続けている。学校や教職員は、子どもの権利擁護の視点に立ち、児童虐待の背景を捉えた上で、これに対応する必要がある。学校や教職員の役割は大きく、児童虐待を早期発見したり、関連機関と連携して対応したりするほか、虐待の発生予防や、虐待を受けた児童生徒の育ち直しを行うことも重要である。また、虐待の当事者である保護者とも連携し、課題解決に向けて対応することが必要となる。

1 児童虐待の現状

（1）児童虐待の定義

　児童虐待は古くからある問題であるが、日本における社会的認識は低く、長く見逃されてきた。それが認識され始めたのは、児童虐待相談対応件数の統計が取られるようになった1990年以降のことである。

　児童虐待の定義も長く示されてこなかったが、現在では、平成12（2000）年に成立した「児童虐待の防止等に関する法律」（以下、児童虐待防止法、と記す）の第2条において、保護者（親権を行う者、未成年後見人その他の者で、児童を現に監護する者）が、その監護する児童（18歳に満たない者）に対して行う次の行為（**表8-1**）であると定義されている。これによると、親権者だけでなく、児童を現に監護、保護している者（祖父母や親戚、内縁の夫や妻などのほか、子どもが入所している児童福祉施設の長や里親などを含む）の行為も児童虐待に当たる。また、児童を監護していない者（同居人）の虐待行為は、直接この定義に当てはまらないが、保護者がこれを放置している場合には、第3号の児童虐待（ネグレクト）に当たる。さらに、児童の家庭において配偶者に対する暴力（ドメスティック・バイオレンス、DV）が行われている状態も、第4号の児童虐待（心理的虐待）に当たる[1]。

　しかし、この法律の成立および一部改正後も、重篤な児童虐待が発生し続けたことから、令和元（2019）年には、「児童虐待防止対策の強化を図るための

表8-1　児童虐待の定義と分類

分類	児童虐待防止法（第2条）における定義
身体的虐待	児童の身体に外傷が生じ、又は生じるおそれのある暴行を加えること（第1号）
性的虐待	児童にわいせつな行為をすること又は児童をしてわいせつな行為をさせること（第2号）
ネグレクト	児童の心身の正常な発達を妨げるような著しい減食又は長時間の放置、保護者以外の同居人による前2号又は次号に掲げる行為と同様の行為の放置その他の保護者としての監護を著しく怠ること（第3号）
心理的虐待	児童に対する著しい暴言又は著しく拒絶的な対応、児童が同居する家庭における配偶者に対する暴力（配偶者（婚姻の届出をしていないが、事実上婚姻関係と同様の事情にある者を含む。）の身体に対する不法な攻撃であって生命又は身体に危害を及ぼすもの及びこれに準ずる心身に有害な影響を及ぼす言動をいう。）その他の児童に著しい心理的外傷を与える言動を行うこと（第4号）

児童福祉法等の一部を改正する法律」が成立し、児童虐待防止法の第14条に、親権者による体罰等の禁止が明文化された。これにより、しつけと称した体罰も暴行罪、傷害罪などに問われることになった。

　なお、上記、第2条の児童虐待の定義では、保護者の行為が主な対象であるが、児童虐待防止法の第3条では、「何人も、児童に対し、虐待をしてはならない」と、児童に対するあらゆる者からの虐待行為を禁じている。つまり、児童に対する、誰によるどのような虐待行為も許されない。

（2）児童虐待の実態

　では、児童虐待はどのような実態にあるのか、統計データを見てみよう。

　まず、こども家庭庁（2021年度までは厚生労働省）が公表している全国の児童相談所における児童虐待相談の対応件数（相談の後、指導や措置等が行われた件数）の推移は、**図8-1**のとおりである。この件数は、統計が取られ始めた1990年度以降、児童虐待防止法が成立した後も、一度も減少することなく増え続け、2022年度には21万件を超えた。また、これとは別に全国の市町村（虐待対応担当課など）で行われている児童虐待相談の対応件数は、2021年度に16万件以上であった[2]。このような対応件数の多さや増加の理由の一つには、児

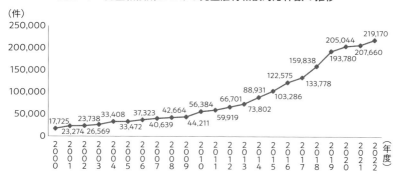

図8-1　児童相談所における児童虐待相談対応件数の推移[3]

(件)

250,000

200,000

150,000

100,000

50,000

0

17,725　23,274　26,569　23,738　33,408　33,472　37,323　40,639　42,664　44,211　56,384　59,919　66,701　73,802　88,931　103,286　122,575　133,778　159,838　193,780　205,044　207,660　219,170

2000　2001　2002　2003　2004　2005　2006　2007　2008　2009　2010　2011　2012　2013　2014　2015　2016　2017　2018　2019　2020　2021　2022 (年度)

図8-2　児童虐待相談における被虐待者の年齢
　　　（2021年度）[4]

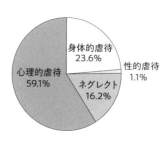

16～18歳 7.3%
13～15歳 14.5%
7～12歳 34.2%
0～2歳 18.7%
3～6歳 25.3%

図8-3　児童虐待相談の内容
　　　（2022年度）[5]

身体的虐待 23.6%
性的虐待 1.1%
心理的虐待 59.1%
ネグレクト 16.2%

図8-4　児童虐待相談における主な虐待者
　　　（2021年度）[6]

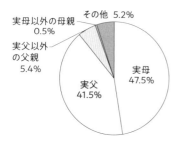

その他 5.2%
実母以外の母親 0.5%
実父以外の父親 5.4%
実父 41.5%
実母 47.5%

図8-5　児童虐待事件の加害者
　　　（2022年）[7]

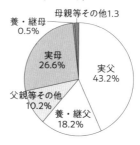

母親等その他1.3
養・継母 0.5%
実母 26.6%
父親等その他 10.2%
養・継父 18.2%
実父 43.2%

童虐待への意識の高まりによる相談や通告の増加があるとされる。しかし、児童虐待は、密室で行われていたり、子どもが自分の状況を理解できていなかったり、言い出しにくかったりするため、全てが相談や通告につながっているわ

けではない。まだ対応件数にあらわれていない児童虐待が多くあると考えられる。

　次に、児童相談所における相談対応件数の内訳を見ると、被虐待者の年齢（**図8-2**）は、学校段階で見ると「7〜12歳」（小学生）の比率が最も高い（34.2%）。これに「13〜15歳」（中学生）、「16〜18歳」（高校生・その他）を合わせると全体の半数を超える（56.0%）。また、相談の内容（**図8-3**）は、2012年度までは「身体的虐待」の比率が最も高かったが、現在は「心理的虐待」（59.1%）の比率が最も高く、次いで「身体的虐待」（23.6%）である[8]。「性的虐待」（1.1%）の比率は低いが、他の虐待に比べて特に暗数が多いとされる。また、これらの虐待は単独で発生することもあるが、複数が重なることが多い。

　さらに、**図8-4**、**図8-5**は、児童虐待の虐待者、加害者の内訳である。児童虐待相談における主な虐待者（**図8-4**）は、「実母」「実父」の比率が4割台（47.5%、41.5%）と高く、合わせると9割弱を占める（89.0%）。一方、より深刻な児童虐待と考えられる児童虐待事件の加害者（**図8-5**）を見ると、「実父」の比率が最も高く（43.2%）、「実父以外の父親」（「養・継父」「父親等その他」を合わせて28.4%）、「実母」がそれに続く。これは、児童虐待相談における虐待者（**図8-4**）の比率とは傾向が異なる。なお、虐待によって死亡した児童は、2021年度は74人である。ここ10年以上は60〜90人台が続き、減少していない[9]。

　ただし、児童虐待に関する統計データは少ない上に、統計にあらわれていないものも多いと考えられ、その実態は十分につかめていない。

2　児童虐待をどのように理解するか

　では、このような児童虐待の現状に対して、学校や教職員は、どのようにこれを理解し、対応すればよいのだろうか。

（1）子どもの権利擁護の視点

　一つには、子どもの権利擁護の視点からこれを捉えることである。

児童虐待防止法の第1条は、児童虐待を「児童の人権を著しく侵害」するものとして禁止している。また、児童虐待防止法は、「児童福祉法」（以下、児童福祉法、とする）と一体的に運用されるものとされ、児童福祉法の理念をふまえることも重要である[10]。児童福祉法の第1条では、「全て児童は、児童の権利に関する条約の精神にのっとり、適切に養育されること…（中略）…保護されること、その心身の健やかな成長及び発達並びにその自立…（中略）…を等しく保障される権利を有する」と定められ、適切に養育され、保護されることは子どもの権利であり、子どもは権利の主体であることが示されている。また、児童福祉法の第2条では、「全て国民は、児童が良好な環境において生まれ、…（中略）…その意見が尊重され、その最善の利益が優先して考慮され…（中略）…るよう努めなければならない」と定められ、良好な環境において、子どもの意見が尊重され、子どもの最善の利益が優先されることが示されている。これらの理念は、令和4（2022）年に成立した「こども基本法」にも示されているものである。

　児童虐待は、このような子どもの権利を侵害するものである。また、虐待を受けている子どもの状況を考えれば、言語化されていない子どもの意思や態度も含めて、子どもの意見が尊重される必要がある。児童虐待を、子どもの権利擁護のための最優先課題と捉え、対応することが求められる。

（2）児童虐待の背景を捉える

　二つには、児童虐待の背景を捉えることである。

　児童虐待は、さまざまな要因が絡み合って起こるとされる。その際の要因としては、保護者の要因（特に母親の子育てに対する不安、性格、育児観など）、家庭の要因（家族の人間関係が不安定、不和であるなど）、子どもの要因（子どもが育てにくさをもっているなど）が指摘され、個人や家族の問題とみなされる場合が多い。しかし、これらの要因に対するこれまでの防止対策や対応では、児童虐待は減っていない。そのため、今日では、児童虐待の要因を、社会的要因、経済的要因など、環境的、構造的な問題として捉える必要があることが指摘されている。例えば、子育てサービスが充実していない、社会的孤立に

よって子育てに関する情報にアクセスしたり、支援を利用したりすることができないといった社会的要因や、不安定就労である、子育てをする親への経済保障が少ないといった経済的要因などである。児童虐待の背景（要因）をこのように捉えると、保護者や子どもへの対応も違ったものとなるだろう。

　また、このような背景（要因）の捉え方は、児童虐待の周辺にあるとされる要保護児童、要支援児童、ヤングケアラー、マルトリートメントなどについても、同様に必要となると思われる[11]。つまり、子育てしにくい社会・経済的状況において、これらの問題が生じているということである。

3 児童虐待にどのように対応するか

　では、学校や教職員は、児童虐待にどのように対応すればよいのだろうか。児童虐待防止法では、学校・教職員の役割として、以下の①～④が求められている（**表8-2**）。これをふまえて、対応のあり方を検討してみよう。

（1）児童虐待の早期発見

　学校や教職員には、児童虐待を早期に発見することが求められている。児童相談所への児童虐待相談の経路（**表8-3**）を見ると、「学校等」の比率は4番目に高いが（全体の7.3%、16,035件）、まだ見過ごされていることが予想される。

　児童虐待の発見のためには、児童生徒の様子や状態をよく観察し、異変や違和感を見逃さないことが重要である。虐待を受けている子どもは、健康状態や情緒面、行動面などで特徴が見られることが指摘されている。また、児童生徒の問題行動の背景に、虐待が潜んでいる場合もある。さらに、学校では、毎年度の健康診断や、アンケートなどの訴えからの虐待を発見することもできる。

　ただし、子どもは虐待を受けていることを隠そうとすることも多く、すぐに発見や相談につながるとは限らない。学校で虐待を発見することは容易ではないが、それに努める必要がある。

（2）校内体制の整備・研修の充実

　虐待（虐待と思われる場合を含む）を発見した場合に、市町村や児童相談所

表8-2　児童虐待に関する学校・教職員の役割

①虐待の早期発見に努めること（努力義務）【第5条第1項】
②虐待を受けたと思われる児童について、市町村（虐待対応担当課）や児童相談所等に
　通告すること（義務）【第6条】
③虐待の予防・防止や虐待を受けた児童の保護・自立支援に関し、関係機関への協力を
　行うこと（努力義務）【第5条第2項】
④虐待防止のための教育・啓発に努めること（努力義務）【第5条第5項】

表8-3　児童相談所における児童虐待相談の経路（2022年度）[12]

(%)

警察等	近隣知人	家族親戚	学校等	福祉事務所	児童相談所	医療機関	児童本人	その他
51.5	11.0	8.4	7.3	5.4	4.4	1.8	1.3	8.8

に通告するまでの流れは、**図8-6**のようになる。これに加えて、学校では、当事者である子どもの支援や保護者への対応も必要となる。これを教職員が一人で担うのは困難であり、リスクも高い。そのため、学校では、校長などの管理職、学年主任、学級担任のほか、養護教諭、生徒指導主事、スクールソーシャルワーカー、スクールカウンセラーなどの異なる専門性をもつメンバーがチームで対応することになる。学校は、日頃から、そのような校内体制を整備しておく必要がある。また、教職員が児童虐待への理解を深めるための研修の実施も必要となる。

　さらに、学校では、子どもや保護者が悩みや不安を相談しやすい窓口（相談体制）を充実させる必要がある。学校外の相談窓口（電話、ＳＮＳなど）も周知するとよい。それらが児童虐待の早期発見や未然防止にもつながる。

　なお、児童相談所や市町村などの関係機関とは、通常時や通告後にも連携し、子どもとその家族の継続的な支援を行っていくことになる。

（3）虐待を受けた子どもへの関わり（学校での育ち直し）

　児童相談所や市町村では、虐待の通告を受けた後、速やかに子どもの安全を確認し、子どもやその家族の状況に関する情報収集や調査を行う。必要に応じ

図8-6　学校における虐待対応の流れ（通告まで）[13]

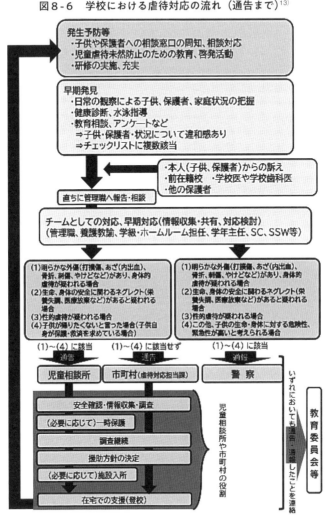

て、子どもは、児童相談所などに一時保護されたり（原則として2か月以内）、児童養護施設等に入所、あるいは里親家庭に委託されたりする。しかし、虐待の程度が比較的軽微な場合は、在宅での支援となる（2021年度は、相談対応件数のうち8割以上がこれに当たる）[14]。また、一時保護や施設入所などの解除

後も在宅での支援となる。

　これらのいずれの場合も、子どもは、これまで通り、家庭や一時保護所など
から学校に通学することになる（一時保護の期間に、子どもの安全のため、学
校に通学させない場合を除く）。そのため、学校や教職員は、虐待を受けた子
どもの言動をよく観察しながら、学校で安心して過ごせるようにすることが必
要である。また、子どもの自尊感情や自律性の維持・回復とともに、子どもが
今後の展望をもてるようになるよう働きかけることも大切である。なお、虐待
により心的外傷を負っているケースについては、スクールカウンセラーによる
カウンセリングやそのほかの専門的ケアを行うことが必要になる。

（4）虐待の未然防止

　学校では、虐待が起こる前に、その未然防止のための指導を行うことも重要
である。まず、全ての児童生徒を対象にした発達支持的生徒指導としては、子
どもが自分たちの権利について学ぶことや、それを保障するための教職員の働
きかけが必要となるだろう。児童福祉法では、子どもは単に保護される客体と
して存在するのではなく、権利を享有し行使する主体であり、一人の独立した
人格として尊重されなければならないことが明示されている。子ども自身がこ
れを理解するとともに、学校において、これを保障する取組が必要である。子
どもが意見を表明する機会を確保したり、周囲の関係者が意見を聴き、適切に
考慮・反映する環境が用意されたりすることも重要であろう。

　また、課題予防的生徒指導（課題未然防止教育）としては、学校や教室をお
互いの心と体を尊重できる場にするとともに、全ての児童生徒が、自分と他者
の生命や心身を大切にする方法やＳＯＳを出す方法を学ぶことが重要であろう。

（5）保護者との連携

　また、子どもに対応する上で、保護者との連携も必要となる。児童虐待に関
しては、保護者が加害者であることが多く、保護者への対応や連携は慎重に行
う必要がある。また、児童虐待が起きているのか、あるいは、虐待のおそれが
ある状況なのか、子どもの被害はどうか、問題はどこにあるのかなど、難しい
判断や対応に迫られる場合も多い。学校の範疇を超えている場合もあるため、

組織的な対応が必要となる。

　しかし、どのような場合にも、学校が保護者と連携するにあたっては、保護者や家庭のあり方を批判するのでなく、保護者と共同で児童生徒の育ちを支援するという姿勢で臨むことが必要である。子どもの最善の利益に合致していないなど、家庭の子育てのあり方が気になる場合も、そうならざるを得ない事情を考慮の上、児童生徒を中心に置いて連携することが求められる。保護者の悩みや要望を聴きとりながら、子どもにどうなってほしいか、何を目指すのかなどの共通のゴールを設定し、学校外の援助も生かした課題解決を行いたい。

4 おわりに

　児童虐待は、発見されていないケースも多く、実態を把握することが非常に難しい。しかし、その対応や判断が生命に関わることがあるという点で専門性が問われるものであり、子どもの権利擁護の視点からも重要な課題である。そのため、学校や教職員は児童虐待の早期発見に努めたり、関連機関と連携して対応したりする必要がある。また、虐待を受けた児童生徒の育ち直しや、虐待の未然防止に向けた指導や対応は、学校だからこそできる重要な役割である。児童虐待は難しい問題ではあるが、子育ての環境的、構造的な課題も視野に入れながら、子どもにとってどのような解決策が適切であり望まれるのかを検討し、子どもと保護者に対応していくことが求められる。

【注】
1）第3号、および第4号の定義は、平成16（2004）年の「児童虐待の防止等に関する法律の一部を改正する法律」により明確化された。
2）前掲注4）。平成16（2004）年の「児童福祉法の一部を改正する法律」により、全国の市町村も児童虐待の相談に応じることになった。児童相談所と市町村の児童虐待相談の対応件数には重複がある。
3）こども家庭庁「令和4年度児童相談所における児童虐待相談対応件数（速報値）」2023年、1ページ（https://www.cfa.go.jp/assets/contents/node/basic_page/field_ref_resources/a176de99-390e-4065-a7fb-fe569ab2450c/12d7a89f/2023

0401_policies_jidougyakutai_19.pdf）。2000年度以降の数値を示した。2022年度は速報値。

4）厚生労働省「令和３年度福祉行政報告例」2023年（https://www.mhlw.go.jp/toukei/saikin/hw/gyousei/21/index.html）。「児童相談所における児童虐待相談の対応件数，被虐待者の年齢×相談種別別」の統計表より作成。

5）前掲注３）、３ページ。

6）前掲注４）、「結果の概要」８ページ。

7）警察庁「令和４年の犯罪情勢」2022年（https://www.npa.go.jp/publications/statistics/index.html）。「統計データ：児童虐待」の「３（４）被害児童と加害者の関係」より作成。児童虐待事件の検挙件数2,181件の加害者2,222人の内訳。「父親等その他」は父親等の「内縁」「その他」の合計、「母親等その他」は母親等の「内縁」「その他」の合計。

8）心理的虐待の比率の増加は、児童虐待の定義（第４号）に配偶者に対する暴力（ＤＶ）が明示されたためと考えられている。

9）こども家庭審議会児童虐待防止対策部会児童虐待等要保護事例の検証に関する専門委員会「こども虐待による死亡事例等の検証結果等について（第19次報告）」2023年、「概要版」１ページ（https://www.cfa.go.jp/councils/shingikai/gyakutai_boushi/hogojirei/19-houkoku/）。

10）児童福祉法の理念（第１条、第２条）は、児童虐待対策の強化等を図るために、平成28（2016）年に成立した「児童福祉法等の一部を改正する法律」によって明確化された。

11）要保護児童は、児童福祉法で、「保護者のない児童又は保護者に監護させることが不適当であると認められる児童」、要支援児童は「保護者の養育を支援することが特に必要と認められる児童」と規定されている。ヤングケアラーは、本来大人が担うと想定されている家事や家族の世話などを日常的に行っているこどもである（子ども家庭庁「ヤングケアラーについて」、https://www.cfa.go.jp/policies/young-carer/）。マルトリートメント（不適切な養育）は、虐待とは言い切れない、避けなければならない養育を意味する。

12）前掲注３）、４ページ。「学校等」には、幼稚園、学校、教育委員会が含まれる。「福祉事務所」は、都道府県、指定都市・中核市、市町村の福祉事務所の合計。「その他」は、保育所、児童福祉施設、保健センター、保健所、児童委員、その他の合計。

13）文部科学省『生徒指導提要』2022年、182ページ。

14）前掲注４）、「児童相談所における対応件数及び未対応件数，相談の種類×対応の種類別」より算出。「面接指導」が85.0％である。

？ 考えてみよう

1．児童虐待の要因（子どもを虐待してしまう理由）としてどのようなことがあるか考えてみよう。
2．児童虐待に関して、学校が課題予防的生徒指導としてできることは何か考えてみよう。
3．児童虐待に関して、学校が困難課題対応的生徒指導や教育相談としてできることは何か考えてみよう。

📑 読んでみよう

1．文部科学省『学校・教育委員会等向け虐待対応の手引き（令和2年6月改訂版）』2020年。
2．上野加代子・山野良一・リーロイ・H・ペルトン・村田泰子・美馬達哉『児童虐待のポリティクス―「こころ」の問題から「社会」の問題へ』明石書店、2006年。
3．末冨芳・秋田喜代美・宮本みち子『子ども若者の権利と政策1　子ども若者の権利とこども基本法』明石書店、2023年。
4．吉富多美『ぼくが選ぶ ぼくのいる場所』金の星社、2023年。

【参考文献】
・浅井春夫『子ども虐待の福祉学―子どもの権利擁護のためのネットワーク』小学館、2002年。
・上野加代子『虐待リスク―構築される子育て標準家族』生活書院、2022年。
・厚生労働省雇用均等・児童家庭局総務課『子ども虐待対応の手引き（平成25年8月改正版）』2013年。
・こども家庭庁「児童虐待防止対策」ページ（https://www.cfa.go.jp/policies/jidou gyakutai/）
・末冨芳・秋田喜代美・宮本みち子『子ども若者の権利と政策1　子ども若者の権利とこども基本法』明石書店、2023年。
・日本弁護士連合会子どもの権利委員会『子どもの虐待防止・法的実務マニュアル（第7版）』明石書店、2021年。
・広井多鶴子・小玉亮子『現代の親子問題―なぜ親と子が「問題」なのか』日本図書センター、2010年。

・文部科学省『学校・教育委員会等向け虐待対応の手引き（令和２年６月改訂版）』2020年。
・文部科学省『生徒指導提要』2022年、171〜188ページ、280〜289ページ。
（https://www.mext.go.jp/a_menu/shotou/seitoshidou/1404008_00001.htm）

第 **9** 章

自殺

佐久間 邦友

国内の小・中・高校生の自殺者数は、2008年以降増加傾向にある。失った生命を取り戻すことは不可能であり、自殺という行為は、その当事者や関係者にとって表現しようもない苦しさ等を生み出す。『生徒指導提要（改訂版）』では、「自殺」に関する項目が章として取り上げられ、「自殺」という行為をタブー視することなく、さまざまな困難への実践的な支援策の強化が求められている。本章では、『生徒指導提要（改訂版）』をもとに「自殺」に関する実践的な対応方法について説明する。

1 はじめに―学校に求められる役割

　自殺とは、『自殺総合対策大綱』において「その多くが追い込まれた末の死」と定義されている。人が自らの命を絶つという行為は、その当事者や関係者にとって表現しようもない辛さ・苦しさを生み出す。自殺は、「瞬間（点）」ではなく「プロセス」で起きている。そのため、「自殺」という行為をタブー視することなく、その「プロセス」に着目して、真摯に児童生徒の現実と向き合い、丁寧に理解を深め、さまざまな困難への実践的な支援策の強化を図らなければならない。

　学校での自殺予防教育の目標には、生徒が自他の「心の危機に気づく力」と「相談する力」を身につけることの2点が挙げられている。具体的に生徒指導の観点から捉えると、安全・安心な学校環境を整え、全ての児童生徒を対象に「未来を生きぬく力」を身につけるように働きかける「命の教育」などは、発達支持的生徒指導であり、「SOSの出し方に関する教育を含む自殺予防教育」は課題未然防止教育として位置づけることができる。

　学校における自殺予防は、①教職員が自殺の危険が高まった児童生徒に早期に気づき関わる課題早期発見対応、②専門家と連携して危機介入を行うことによる水際での自殺防止と自殺が起きてしまった後の心のケアによる困難課題対応的生徒指導から成立している。これらの取組を充実させるためには、教職員一人一人が児童生徒の心の危機の叫びを受け止める力の向上と学校内外の連携

に基づく自殺予防のための組織的な体制づくりの推進が必須である。

2 自殺をめぐる事柄

（1）自殺対策基本法と教育行政

　警察庁の発表によれば、2022年度の10歳から19歳の年間自殺者数は、796名であった。2006年に自殺対策基本法が成立して以降、日本全体の自殺者数は減少したものの、小・中・高校生の自殺者数は、2008年以降、年間300人から500人の間で推移し、その数は増加傾向にある。

　自殺対策基本法が2016年に改正され、同法第17条第3項[1]に基づき、学校には、生涯にわたる精神保健の観点から全ての児童生徒を対象とする「自殺予防教育」と、自殺の危険の高い児童生徒への直接的支援としての「危機介入」を並行して進めることが求められている。

　さらに2017年に改正された『自殺総合対策大綱』では、学校には、社会に出てから直面する可能性のあるさまざまな困難やストレスへの対処方法を身につけるための教育（ＳＯＳの出し方に関する教育）等の推進が求められ、各学校には、自殺予防教育に取り組むことが努力義務として課せられた。

　文部科学省は、自殺対策基本法の成立を受けて、2009年に児童生徒の自殺予防全般に関する基本的事項をまとめた『教師が知っておきたい子どもの自殺予防』の冊子を全国の学校に配布し、2014年には、児童生徒を直接対象とする自殺予防教育の具体化を目指し、『子供に伝えたい自殺予防－学校における自殺予防教育導入の手引－』を発出した。

（2）自殺と自死

　2013年、島根県は、県の『自殺対策総合計画』において言葉の表現を全て「自死」に統一した。そもそも「自死」という表現は、あしなが育英会から支援を受けていた遺児たちが、2000年に発行した小冊子の中で、自らを「自死遺児」と名乗ったことをきっかけに、社会的にも認知されるようになった。

　「自死」・「自殺」には、さまざまな側面があり、さまざまな立場の関係者の

心情をくみながら、丁寧に使い分けをすることが大切であり、2013年９月にＮ
ＰＯ法人全国自死遺族総合支援センターは、『自死・自殺の表現に関するガイ
ドライン』をまとめ、提言した。

　ガイドラインでは、自死・自殺の表現について「行為を表現するときは『自
殺』を使う」「多くの自殺は『追い込まれた末の死』として、プロセスで起き
ていることを理解し、『自殺した』ではなく『自殺で亡くなった』と表現する」
「遺族や遺児に関する表現は『自死』を使う」という３つの原則を示している。
そのため、表現には「自死・自殺」「自死（自殺）」などと併記することも、選
択肢として考えられる。

　つまり、「自死」・「自殺」という言葉一つ取り上げても、さまざまな側面が
あり、さまざまな立場の関係者の心情をくみながら、個々人の尊厳を大切に
扱っていく必要がある。

（３）児童生徒の自殺の原因・動機

　児童生徒の自殺の原因・動機は、特定が難しい。警察庁が公表した自殺の原
因・動機が特定された事例をもとに厚生労働省が2019年から10年間をまとめた
結果によると、自殺の原因・動機は校種や男女別で違いが見られ、小学生では
「家庭問題」、中学生では「家庭問題」に加えて「学校問題」が高いという特徴
があり、児童生徒の生活（行動）範囲の拡大が関連してるといえよう。なお高
校生は、中学生と同様に「学校問題」の比率が高いものの、うつ病や統合失調
症などの精神疾患に関する「健康問題」が女子を中心に急増する点に、特徴が
見られたという（**表９-１、表９-２**参照）。

（４）指導死

　指導死とは、「学校での生徒指導をきっかけに生徒が自殺すること（大貫編、
2013、１〜２ページ）」である。大貫によれば、生徒指導をきっかけに子ども
を自殺で失った遺族の間で生まれた言葉であり、「指導死」の存在を世の中に
広く知ってもらうことをねらいに、2007年につくられた言葉である。

　「指導」と考えられている教員の行為が、指導方法として妥当性を欠くと思
われるもの指導（些細な行為による停学、連帯責任、長時間の事情聴取・事実

表9-1　児童生徒の自殺の原因・動機で比率が高い上位3項目（男子）

小学生	中学生	高校生
「家族からのしつけ・叱責」	「学業不振」	「学業不振」
「学校問題その他」	「家族からのしつけ・叱責」	「その他進路に関する悩み」
「学業不振」 「その他学友との不和」	「学校問題その他」	「うつ病」

出典：厚生労働省、2019、86ページ〜88ページより筆者作成

表9-2　児童生徒の自殺の原因・動機で比率が高い上位3項目（女子）

小学生	中学生	高校生
「親子関係の不和」	「親子関係の不和」	「うつ病」
「家族からのしつけ・叱責」	「その他学友との不和」	「その他の精神疾患」
「その他学友との不和」	「学業不振」	「その他進路に関する悩み」

出典：厚生労働省、2019、86ページ〜88ページより筆者作成

確認など）の場合、結果的に児童生徒を精神的あるいは肉体的に追い詰め、自殺に至らせることもあり得る。

　2020年8月、西日本にある高校の運動部員の女子生徒が、ＳＮＳに「部活動が死にたい原因」とのメッセージを書き込んだ後に自殺した。その後の調査によって、女子生徒が顧問2人から暴言や暴力を度々受けていたことが判明した。このような事象も指導死に含まれるが、そもそも本件の場合、学校教育法第11条によって禁止された行為である体罰が行われており、不適切な指導の結果であった。

　もちろん、何らかの形で児童生徒が学校のルール違反などを犯した結果の指導であれば、指導する行為には妥当性がある。そのため、指導死を防ぐためには、教員のアンガーマネジメントと児童生徒の心身の発達に応じた指導を心がける必要がある。

3 自殺予防のための教育相談体制

（1）リスクマネジメントとクライシスマネジメント

　自殺という事項に対しては、「リスクマネジメント」と「クライシスマネジメント」という2つのマネジメントをもとに対応する。

　児童生徒が自殺をほのめかしたり、深刻な自傷行為に及んだり、遺書のような手紙やメモを残して家出をしたりといった状況は、自殺やそのほかの重大な危険行為の「予兆」段階である。その際、リスクマネジメントとして、教育相談体制の構成メンバーを基盤に、校長をリーダーとする「校内連携型危機対応チーム」を組織し、危険度に応じた対応を行う。なお平常時には、危機対応のための態勢づくりやマニュアルづくりなどを進めておくことが大切である。

　自殺や自殺未遂が発生した場合には、クライシスマネジメントの対応が必要である。具体的には、校長のリーダーシップの下で、「校内連携型危機対応チーム」を核に、教育委員会や専門家、関係機関等のサポートを受けながら「ネットワーク型緊急支援チーム」を立ち上げ、全教職員の力を結集して、周囲の児童生徒や教職員等への心のケアも含む危機管理態勢を速やかに対応する。

（2）教育相談体制の構築

　自殺は、専門家といえども一人で抱えることができないほど困難な問題である。そのため、児童生徒に対してきめ細かな継続的支援を可能にするには、校内の教育相談体制を基盤に、校内研修会などを通じて教職員間の共通理解を図るとともに、実効的に機能する自殺予防のための教育相談体制を築くことが求められる。

　まず、生徒指導部や教育相談部などの校内にある既存の組織を、児童生徒が課題や悩みを抱えたときに対応できるよう自殺予防の観点からの見直しをするなど、教育相談機能の実効性を高めること、次に、教育相談コーディネーターと養護教諭を構成メンバーの核として位置づけ、各学年や生徒指導部・保健部などの他の校務分掌と連携した体制づくりをすることが重要である。

　『生徒指導提要（改訂版）』では、他の校務分掌と連携した体制づくりにおい

て、①教育相談コーディネーターと養護教諭との密接な連携、②教育相談部（教育相談係）と生徒指導部の連携、③カウンセリングルームや保健室の日常的な活用、④情報共有による協働的な教育相談体制の構築に留意する必要性を指摘している。

（3）自殺予防に向けた学校の取組

　自殺予防には、「予防活動」「危機介入」「事後対応」の3つの段階があり、この3段階の取組が相互に連動することで、包括的な自殺予防が可能になる。

　まず「予防活動」（プリベンション）とは、全ての児童生徒を対象にした自殺予防教育や日常の教育相談活動である。次に、「危機介入」（インターベンション）とは、自殺の危険の高まった児童生徒をスクリーニングし、アセスメ

表9-3　学校における自殺予防の3段階

段階	内容	対象者	学校の対応	具体的な取組例
予防活動 プリベンション	各教職員研修	全ての教職員	校内研修会等の実施	教職員向けゲートキーパー研修
	自殺予防教育及び児童生徒の心の安定	全ての児童生徒	授業の実施（SOSの出し方に関する教育を含む自殺予防教育、及び自殺予防につながる教科等での学習）日常的教育相談活動	・自殺予防教育 ・生と死の教育 ・ストレスマネジメント教育 ・教育相談週間 ・アンケート
	保護者への普及啓発	全ての保護者	研修会等の実施	保護者向けゲートキーパー研修
危機介入 インターベンション	自殺の危機の早期発見とリスクの軽減	自殺の危機が高いと考えられる児童生徒	校内連携型危機対応チーム（必要に応じて教育委員会等への支援要請）	・緊急ケース会議（アセスメントと対応） ・本人の安全確保と心のケア
	自殺未遂後の対応	自殺未遂者と影響を受ける児童生徒	校内連携型危機対応チーム（教育委員会等への支援要請は必須）、若しくは、状況に応じて（校内で発生、目撃者多数などの場合）ネットワーク型緊急支援チーム	・緊急ケース会議 ・心のケア会議 ・本人及び周囲の児童生徒への心のケア
事後対応 ポストベンション	自殺発生後の危機対応・危機管理と遺された周囲の者への心のケア	遺族と影響を受ける児童生徒・教職員	ネットワーク型緊急支援チーム（校内連携型危機対応チーム、教育委員会等、関係機関の連携・協働による危機管理態勢の構築）	・ネットワーク型緊急支援会議 ・心のケア会議 ・遺族、周囲の児童生徒、教職員への心のケア ・保護者会

出典：文部科学省（2022）

ントに基づいて、自殺企図への対応や自殺未遂直後の処置や心のケアなどを行うことである。

そして、「事後対応」(ポストベンション)とは、学校危機への対応と併せて周囲への心のケアである。特に遺族をはじめ、遺された者への心のケアが不十分であると、最悪の場合には自殺の誘発・連鎖を引き起こすこともあり得る。

なお『生徒指導提要(改訂版)』では、自殺予防の3段階における具体的な内容、対象者、学校の対応、取組例が示されている(**表9-3**参照)。

4 重層的支援構造に基づく自殺予防

(1) 自殺の心理と自殺予防につながる発達支持的生徒指導の方向性

自殺は、本人の心理的・身体的要因や家庭問題、進路問題などの学校問題、社会不安や著名人の自殺の影響などが複雑に絡み合って生じる行為である。そこで、直接の動機と思われる事柄のみを自殺の原因として捉えるのではなく、さまざまな要因が絡み合った心理的危機に目を向けることも必要である。

『生徒指導提要(改訂版)』では、自殺に追いつめられたときの児童生徒の心理として、次のようなことが挙げられている。

①強い孤立感…「誰も自分のことなんか考えていない」としか思えなくなり、援助の手が差し伸べられているのに、頑なに自分の殻に閉じこもってしまう。
②無価値感…「自分なんか生きていても仕方がない」という考えが拭い去れなくなる。虐待を受けるなど、愛される存在として認められた経験が乏しい児童生徒に典型的に見られる感覚。
③怒りの感情…自分の辛い状況を受け入れられず、やり場のない気持ちを他者への攻撃性として表す。それが自分自身に向けられると、自殺の危険が高まる。
④苦しみが永遠に続くという思い込み…今抱えている苦しみはどう努力しても解決できないという絶望的な感情に陥る。
⑤心理的視野狭窄…問題解決策として自殺以外の選択肢が思い浮かばなくなる。

　また、このような危機的な心理状況に陥らない・抜け出せるような思考や姿勢を身につけることが自殺予防につながる。具体的には、「困ったとき、苦しいときに、進んで援助を求めること」「自己肯定感を高め、自己を受け入れること」「怒りをコントロールすること」「偏った認知を柔軟にすること」ができるといった態度や能力を「未来を生きぬく力」として児童生徒が身につけることができるように、日常の教育活動を通じて働きかけることが、自殺予防につながる発達支持的生徒指導の方向性として考えられている。

（2）自殺の未然防止教育と「核となる授業」

　2014年に文部科学省が発出した『子供に伝えたい自殺予防』において、児童生徒を対象とする自殺予防教育の目標として示されているのは、「早期の問題認識（心の危機に気付く力）」と「援助希求的態度の促進（相談する力）[2]」の２点であり、これに焦点化して取り組む授業を「核となる授業」と呼ぶ。

　「核となる授業」に取り組むために、児童生徒が「未来を生きぬく力」を身につけるという視点から、生徒指導・教育相談・キャリア教育・健康教育・道徳教育等を横断する重要課題として位置づけ、全校体制で取組を進めなければならない。つまり、小学校から「生命」や「心の健康」などに関する学びを通

図9-1　ＳＯＳの出し方に関する教育を含む自殺予防教育の構造

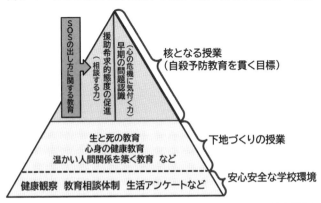

（文部科学省、2022）

じて「下地づくりの授業」を積み上げ、基本的には中学・高校において「核となる授業」を展開するという構造になっている（**図9-1**参照）。

　「核となる授業」の具体的な学習内容として、①心の危機のサインを理解する、②心の危機に陥った自分自身や友人への関わり方を学ぶ、③地域の援助機関を知るといったことが挙げられる。授業を実施するにあたり、各教科等の特質をふまえ、学校の実情、児童生徒の実態に合わせて、組織的、計画的に取組む必要がある。

　なお心の危機を直接扱う場合、児童生徒の状況を把握し、リスクの高い児童生徒への配慮を行うとともに、教員やスクールカウンセラー（ＳＣ）、スクールソーシャルワーカー（ＳＳＷ）等が役割分担して受け止めることのできる体制を整えるなど、関係者間で連携・協働が可能な授業づくりを心がけるべきである。

5 児童生徒の自殺の早期発見・早期対応

（1）自殺の危険の高まった児童生徒への気づき

　児童生徒の自殺の特徴は、死を求める気持ちと生を願う気持ちとの間で激し

表9-4　自殺直前のサイン

・これまでに関心のあった事柄に対して興味を失う ・注意が集中できなくなる ・いつもなら楽々とできるような課題が達成できなくなる ・成績が急に落ちる ・不安やイライラが増し、落ち着きがなくなる ・投げやりな態度が目立つ ・身だしなみを気にしなくなる ・行動、性格、身なりが突然変化する ・健康や自己管理がおろそかになる ・不眠、食欲不振、体重減少など身体の不調を訴える 　 ・自分より年下の子どもや動物を虐待する・引きこもりがちになる ・家出や放浪をする ・乱れた性行動に及ぶ ・過度に危険な行為に及ぶ ・アルコールや薬物を乱用する ・自傷行為が深刻化する ・重要な人の自殺を経験する ・自殺をほのめかす ・自殺についての文章を書いたり、自殺についての絵を描いたりする ・自殺計画の準備を進める ・別れの用意をする（整理整頓、大切なものをあげる）

出典：文部科学省（2022）

く揺れ動く両価性にあると言われる。

　自殺のサインの中には、児童生徒であればそれほど珍しい変化ではないと思われるものも含まれる。しかし、その児童生徒の日常をしっかりと見た上で、何らかの違和感を覚えたときには、無駄になるかもしれないことを恐れずに関わることが重要である。

（2）自殺の危険の高まった児童生徒への関わり

　自殺の危険の高まった児童生徒に気づいたときには、「TALKの原則」を参考し対応する必要がある。特に重要なことは、児童生徒の声をしっかりと「聴く」ことである。なお、「聴く」際には、共感的に理解するよう心がける必要がある。

TALKの原則
Tell：心配していることを言葉に出して伝える。
Ask：「死にたい」と思うほどつらい気持ちの背景にあるものについて尋ねる。
Listen：絶望的な気持ちを傾聴する。話をそらしたり、叱責や助言などをしたりせずに訴えに真剣に耳を傾ける。
Keep safe：安全を確保する。一人で抱え込まず、連携して適切な援助を行う。

（3）自殺関連行動としての自傷への対応

　自傷行為とは、刃物で身体を切りつけるなど、自分の身体を故意に損傷する行動である。自傷には、自殺企図の一環として行われる場合と自殺の意図を伴わずに反復される非自殺性自傷の場合がある。

　自傷の背景には、被虐待、複雑な家庭環境、いじめ被害、子ども自身の脆弱性、精神疾患などが見られる。そのため、教職員は、児童生徒の多様な背景を理解し、自傷のリスクとして認識しておく必要があり、困難課題対応的生徒指導として組織的、継続的に取り組むことが求められる。

　自傷を認知した際、救急搬送を要する場合には迅速な救急要請、救急性がないと判断された場合には保健室へ誘導するなど、身体的損傷の重症度の把握に

よって適切に行う。併せて対応の過程で、①身体的重症度、②自傷の方法、③自殺の意図、④直接的な誘因、⑤慢性的な困難などについてアセスメントすることが求められる。アセスメントの結果、明確な自殺の意図があると思われる場合、校内連携型支援チームを招集し、対応策について協議し、組織的な支援を行う[3]。

6 自殺行動への対応

（1）自殺未遂への対応

　自殺未遂が校内で発生した場合には、当該児童生徒の状態を確認し、救命措置及び安全確保を最優先で行う。その上で保護者に現状を連絡し、対応を依頼する。管理職は、当該事象を教育委員会等へ報告したのち、校内連携型危機対応チームを招集し、当該児童生徒の状況把握や、目撃者等を含む児童生徒の心のケアについて検討する。

　なお自殺未遂のような難しい問題には、チームで関わることが不可欠であり、保護者と連携して家庭での継続的な見守りを行うとともに、教職員間で密接に情報共有し、医療機関と連携して丁寧な支援を行うなど、組織的に児童生徒を支援することが重要である。

（2）自殺が発生時の対応における心のケア

　児童生徒が自殺した場合、家族に限らず、在校生やその保護者など多くの人々に影響が及び、最悪の場合には自殺の連鎖が生じることもある。特に身近な児童生徒、教職員を中心に、「自殺の兆候に気づけなかったこと」「自殺を止められなかったこと」についての自責と周囲の人々への非難が生じることも少なくない。

　また、死の理解が未熟で身近な人の死に接した経験も少ない児童生徒の発達段階を考慮すると、親しい関係になかったとしても、深刻な影響を受ける可能性が高いことにも配慮する必要がある。そのため、学校においては、周囲の人に及ぼす影響を可能な限り少なくするために、適切なポストベンション（事後

対応）を行うことが求められる。

　実際の対応については、2010年の文部科学省『子どもの自殺が起きたときの緊急対応の手引き』を参考に、各学校の実情に応じたマニュアルの作成を進めるとともに、校内研修等で自殺の危機対応のシミュレーションを行うことが望まれる。また、実際の対応にあたっては、特に次の点に留意する必要がある（**表9-5**参照）。

表9-5　実際の対応の留意点

①自殺は複雑な要因が絡み合い、追いつめられた結果としての行動であるという認識の下、自殺を美化したり貶めたりしない。
②情報発信や葬儀等において遺族に寄り添い、確信の持てないことは調査するなど誠実な対応を心がける。
③3日以内に教職員から聴き取りを行い、時系列に整理し、教職員間で情報の共有を図り、学校にとって都合の悪いことでも事実に向き合う姿勢を保つ[4]。
④心のケアに関して、眠れない、すぐに目が覚める、一人でいると怖いなどといった反応が見られますが、これは「異常な」事態に直面した際の「正常な」反応であることを理解し、児童生徒・保護者にもそのことを周知する。
⑤自殺した児童生徒と関係の深い人や自殺の危険の高い人、現場を目撃した人などをリストアップし、早めに関わるとともに、専門家のケアが受けられる体制を用意する。
⑥憶測に基づく噂話等が広がらないように、プライバシーの保護や自殺の連鎖の防止に十分配慮しつつ、出せる情報は積極的に出していくという姿勢に立ち、正確で一貫した情報発信を心がける。

出典：文部科学省（2022）

7 自殺予防の体制をより強化するために

（1）保護者との連携

　児童生徒が多くの時間を過ごす場所は、「家庭」である。そのため、学校が児童生徒の自殺の危険を把握した場合、迅速に保護者との協力体制を築く必要がある。ただし、保護者自身が経済的な困難や精神疾患などの疾病を抱えていること、保護者からの虐待などが自殺に関わっていることも考えられる。

　そのため、子どもだけでなく保護者を含め、社会福祉分野などの家族全体を

支援することのできる機関につなげたり、学校が関係機関と連携したりしながら、状況に応じて家族の機能を代替できる体制をつくるなどの取組も必要である。

（２）専門機関との連携・協働

関係機関との連携をより効果的に進めるためには、まず、地域にどのような適切な関係機関があるのかを把握する必要がある。その上で、日常的に連携する体制を築き、学校に連携・協働の要となるキーパーソン（コーディネーター役の教職員）を位置づけるなど、一層の体制整備が求められる。

自殺の危険が高い児童生徒への対応においては、精神科や心療内科などの医療機関との連携を図ることが不可欠である。チーム学校体制を構築していく中で、学校に精神科医やＳＣ、ＳＳＷ等の専門家の視点を入れることは、多角的な支援が可能になるだけでなく、教職員の精神的な負担軽減にも効果的である。

（３）ＩＣＴ・ＳＮＳの活用

近年、ＳＮＳをコミュニケーションツールとする児童生徒が増加している。ＳＮＳを介した誹謗中傷による自殺も想定されるため、適切な使用方法を指導しなければならない。その上で、危機を発信するための多様なチャンネルの一つとして、学校の内外にＳＮＳ等を活用した相談体制を構築すべきである。

児童生徒に対する多様な相談方法の選択肢を用意することは、問題の深刻化や悪化未然に防ぐ観点から、自殺予防において不可欠な取組ではある。教員等による直接的な支援につなげることができる体制を確保しつつ、ＩＣＴを活用しながら児童生徒の見守りを行うことで、心身の状態変化に気づきやすくなるとともに、児童生徒理解の幅が広がり、悩みや不安を抱える児童生徒の早期発見・早期対応につながることが期待される。

【注】
1）当該条文は、「学校は、当該学校に在籍する児童、生徒等の保護者、地域住民その他の関係者との連携を図りつつ、当該学校に在籍する児童、生徒等に対し、各人

がかけがえのない個人として共に尊重し合いながら生きていくことについての意識の涵（かん）養等に資する教育又は啓発、困難な事態、強い心理的負担を受けた場合等における対処の仕方を身に付ける等のための教育又は啓発その他当該学校に在籍する児童、生徒等の心の健康の保持に係る教育又は啓発を行うよう努めるものとする」である。

2）改正自殺対策基本法等において提示された「ＳＯＳの出し方に関する教育」は、「子供に伝えたい自殺予防」における「援助希求的態度の促進」に相当する。

3）行為の背景に虐待を認知した場合には、児童相談所等へ通告することが必要である。

4）学校や教育委員会等による背景調査の進め方については、『子供の自殺が起きたときの背景調査の指針（改訂版）』を参考に、平常時に検討することが望まれる。

❓ 考えてみよう

1．児童生徒から「死にたい」と言われた場合、教師としてどう対応するか考えてみよう。
2．児童生徒の身体に傷を見つけた場合、教師としてどう対応するか考えてみよう。

📖 読んでみよう

1．福田ますみ『モンスターマザー 長野・丸子実業「いじめ自殺事件」教師たちの闘い』新潮社、2019年。
2．末木新『「死にたい」と言われたら 自殺の心理学』筑摩書房、2023年。

【参考文献】

・大貫隆志編『指導死─追いつめられ，死を選んだ七人の子どもたち』高文研、2013年。
・厚生労働省『令和元年版自殺対策白書』日経印刷、2019年。
・文部科学省『生徒指導提要（改訂版）』、2022年。
（https://www.mext.go.jp/a_menu/shotou/seitoshidou/1404008_00001.htm）

第 10 章

不登校・中途退学

加藤 美帆

**章の
ポイント**

不登校の児童生徒は、小中学校で合計すると30万人近くになっており、何かしらの理由で学校に行くことができない子どもたちに対して教育の機会を保障することが必要になっている。不登校は誰でもなる可能性があると捉え、前向きな進路を見つけられるような支援が求められている。

1 はじめに

「自分のことを伝えることが苦手だったので、段々自分の意見が言えなくなって、それで気疲れを起こして、もう嫌だ行きたくない、と」

これは通信制高校に通っていたHさんが、中学生になって周囲への気疲れから学校に行くことができなくなったという経験を思い出して話してくれたものである。このように、一見すると具体的な理由が見当たらないが、学校に行けなくなりそれが長く続くことは、今日「不登校」と呼ばれている。生徒指導の上で不登校の子どもたちへの理解や指導では、どのような姿勢が求められているのだろうか。『生徒指導提要（改訂版)』(2022) にあるように、2016年に成立した「義務教育の段階における普通教育に相当する教育の機会の確保等に関する法律」（以下、教育機会確保法とする）の考え方をふまえることが、まずは求められる。そして2010年代以降、不登校の児童生徒は増加が続いており、不登校の子どもたちの教育の機会の確保は一層重要な課題になっている。現代において不登校の子どもたちの支援に必要な視点や、不登校の子どもたちの教育の機会を保障するための機関はどのようなものがあるのか、また小中学校で不登校を経験した子どもたちの進路はどのようなところがあるのか、具体的に見ていきたい。

2 学校に行かない・行けない子どもたち

（1）不登校の子どもたちはどれくらい増えているのか

　不登校の子どもたちが増えていると言われるが、今日どれくらいの数の子どもたちが学校に行けなくなっているのだろうか。文部科学省が毎年行っている「児童生徒の問題行動・不登校等生徒指導上の諸課題に関する調査」（以下、生徒指導調査とする）によると、不登校の生徒の数は、2022年度では中学校で19万3936人にのぼり、全生徒に占める割合は6％となっている（文部科学省、2022）。各クラスに2人くらいは不登校の子どもがいることになるが、こうした統計の人数に含まれていない子どもの中にも保健室や別の教室に通っているような場合があり、不登校の生徒は決して珍しくない存在となっている。

　さかのぼって1991年から約30年間での不登校の子どもたちの人数の変化を見たのが図10-1だが、1990年代の増加に続き2000年代に入って横ばいが続いて

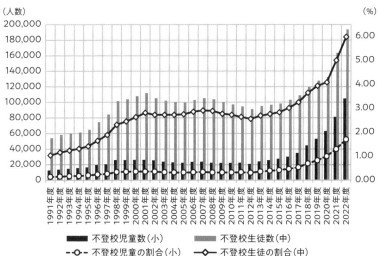

図10-1　不登校の児童生徒数と割合の推移（1991-2022年度）

※理由別長期欠席者のうち1997年度まで「学校ぎらい」、1998年度以降「不登校」の人数
「児童生徒の問題行動・不登校等生徒指導上の諸課題に関する調査」（2023）より作成

表10-1　不登校の児童生徒の欠席日数別人数と割合（2022年度）

	欠席日数				合計
	30〜89日	90日以上 （出席11日以上）	90日以上 （出席1〜10日）	90日以上 （出席0日）	
小学校	58,218	38,865	5,119	2,910	105,112
	55.4%	37.0%	4.9%	2.8%	100%
中学校	75,161	94,837	17,234	6,704	193,936
	38.8%	48.9%	8.9%	3.5%	100%

「児童生徒の問題行動・不登校等生徒指導上の諸課題に関する調査」（2023）より作成

いたのが、2010年代に入ってからは増加が続いていることが見て取れる。2020年から始まった新型コロナウイルスの感染拡大を受けた休校措置や学校での活動の制約、感染不安の拡大の中で、不登校の子どもが2021年度から大きく増加したことが注目されたが、増加自体はその前から進んでいたのである。

　不登校の子どもたちというのは、全く学校に行っていない状態なのだろうか。生徒指導調査では、不登校は年間30日以上の欠席者のうち、「何らかの心理的、情緒的、身体的、あるいは社会的要因・背景により、児童生徒が登校しないあるいはしたくともできない状況にある者（ただし、「病気」や「経済的理由」による者を除く。）」とされるが、ここで欠席日数別に詳しく見てみよう。年間を通して出席日数がゼロか10日未満、つまり全くか、ほとんど学校に行っていないような生徒は、不登校の中学生全体のうち12.4％となっている。（**表10-1**）。つまり、不登校の子どもたちは、ある程度学校とのつながりをもっていることも少なくない。完全に学校から離れている場合もあれば、ある時期は通っていたり、保健室や別の教室で過ごしていたりする場合など、不登校の状態は一様ではなく、すそ野の広い現象なのである。

　こうしたことから、学校に来ていたとしても居心地の悪さや緊張感を抱えて過ごしている子どもたちが相当数いるということに意識を向ける必要があることに気づく。不登校の子どもたちは、学校に通っている多くの子どもたちと大きな違いがあるわけではない。まずは学校が、誰もが安心して学ぶことのできる場であることが大切なのである。

（2）なぜ学校に行くことができないのか

　不登校の子どもたちはなぜ、学校に行くことができないのだろうか。先ほどの生徒指導調査を見ると、中学生の不登校の要因で最も多い理由は、本人の「無気力・不安」（52.2%）で、その次が学校に関連して「いじめを除く友人関係をめぐる問題」（10.6%）となっている（文部科学省、2023）。この調査結果だけから不登校の理由を捉えることは難しいが、冒頭で紹介した言葉のように、後から振り返ると、学校のことや友人関係、部活、先生との関係など、学校に行くことができなかった理由は、具体的に説明されることも多々あり、また複数の要因が複合していることもある。また、生徒指導調査では、不登校の主たる要因として「いじめ」が挙がっているのは中学校で0.2%ときわめて少ない。しかし、いじめによる自殺などの重大事態の際に設置される第三者委員会の報告書を見ると、いじめの被害者に欠席が度重なっていたことはしばしば言及されており、不登校といじめとの関連は無視できない。子どもたちがなぜ学校に行くことができなくなったのか、丁寧にその背景を探っていくことが、子どもたちの抱える生きにくさを理解する上では重要な姿勢になる。

　別の視点からも不登校という現象を見ておきたい。低所得や家計の逼迫、体験や所有物の欠如といった子どもの貧困が、子どもの生活実態にどのように関連するかを調べた調査によると、生活困難を抱えた家庭に1ヶ月以上欠席をしている子どもが多いことが報告されている（梶原、2021）。子どもの貧困が不登校につながる背景としては、貧困による剥奪の経験の影響が挙げられる。例えば家族旅行に行ったことがなかったり、他の子どもたちがもっているものをもっていなかったりするような、多くの子どもたちが通常享受している経験や物がないことは、差や欠如として実感されることで、疎外感や無力感につながり、それが負の影響を与えることが指摘されている（リッジ、2000）。そうした疎外感や無力感が友人関係の問題や、学業の不振につながり、休みがちな行動につながってしまうと考えられる。

　また、外国につながる子どもたちが、友達関係や学業の不振などから不登校になりやすいことも指摘されている。今日、日本語指導が必要な子どもたちは、

小中学校で約5万人以上が在籍しているが、そうした子どもたちは、いじめの被害にあいやすかったり、勉強の遅れなどから不登校になりやすいことが指摘されている（宮島・太田編、2005）。それ以外にも、日本国籍がない子どもたちについては、義務教育の対象外となっていることから、不就学に陥りやすいという制度上の問題が以前から指摘されてきた（佐久間、2006）。2021年度に日本国籍を有しない子どもで、不就学に加えて就学状況を把握できないといった子どもの数を合わせると、小中学生段階の年齢の約1万人の子どもが不就学のおそれがあることになる（文部科学省、2022）。そもそも学校に在籍していないという点で、不就学は不登校とは区別されるが、学齢にありながら学校に通うことができていない状態を広く捉えるなら、共通する問題群とみることができる。義務教育の年齢で教育を受ける機会をもたなかったことは、就労などの社会生活での不利益につながり、社会参加が十分にできないおそれがある。そのため、夜間中学校などによって学び直しの機会を保障することが各地で取り組まれており、公立の夜間中学校のさらなる設置が期待されているところである。

こうした子どもたちの欠席の実態を見ていくと、学校生活での不安やいじめ、貧困などの生活困難、マイノリティであることなど、不登校の背景には多様な問題が絡んでおり、社会的背景が関連していることも多いと分かる。子どもたちが抱える困難を把握するためには、社会を俯瞰した視点をもち、個々の子どもの置かれた事情を丁寧に読み解いていくことが重要である。

（3）高等学校での不登校と中途退学

義務教育後の高等学校では、不登校の生徒はどれくらいいるのだろうか。高等学校の不登校の生徒は、2022年度には6万575名で在籍生徒全体の2％となっている。中学校と比べると少ないように思えるが、高校になると、義務教育段階とは異なり、学校に行かない状態が続くと中途退学につながることが多いため、その状況も併せて確認する必要がある。**図10-2**は中途退学者の推移を示しているが、2022年度の人数は4万3401名で在籍生徒全体の1.4%である。中途退学の理由としては、「進路変更」が43.9%で最も多く、続いて「学校生

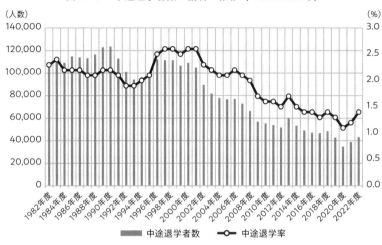

図10-2　中途退学者数と割合の推移（1982-2022年）

※2004年度までは公私立高等学校を調査。2005年度以降は国立を含む。
※2013年度以降は高等学校通信制課程も調査
「児童生徒の問題行動・不登校等生徒指導上の諸課題に関する調査」（2023）より作成

活・学業不適応」で32.8%となっている。高等学校の中途退学者は1990年代の後半に増加して、2000年代初頭にピークに達した時期には、いわゆる「ニート」「フリーター」といった若年者の労働問題とも関連して社会的に注目されたが、その後は減少が続いている。先ほど見た不登校の中学生の人数と比べると、高等学校では不登校、中途退学ともに比較的少ない状況にある。

　図10-2の1982年から約40年の間での中途退学者数の推移からは、そうした減少傾向が確認できる。この間には子どもの数自体の減少のほか、2010年に高等学校の授業料無償化が導入されたことに加えて、高等学校段階の学校が多様化して、不登校経験者を主な対象とした高校、特にサポート校と提携した通信制高校の拡大が進んできた。そうした新しいタイプの高等学校が拡大してきたことは、不登校経験者が高校卒業資格を得ることや、自信をもって社会に出ていくことを支えるための道筋が増えたということでもあり、若者の自立を支える意義をもつ（伊藤、2017）。他方で、多様化が進むこうした学校群は、内実が分かりにくいなど、質の面で見極めが難しいという面もある。中学校との関

係が希薄になった不登校の子どもたちやその親たちにとって、こうした複雑に多様化したさまざまな高等学校を前に進路を決めることは、簡単ではない。中学校卒業後も含んだ不登校経験者の進路を支えるサポートが一層重要になっているといえるだろう。

3 教育機会確保法の成立

（1）教育機会確保法の成立

　1節で見てきたように、小・中学校で不登校の子どもの増加が続いており、そうした子どもたちが学校に通えないことの背景には、さまざまな要因が絡んでいる。そして、学校に行くことができないという状況によって、子どもたちの教育を受ける権利がおびやかされているという点に、改めて目を向ける必要がある。2016年に成立した教育機会確保法は、さまざまな理由で義務教育を受けることができていない子どもたちに、教育を受ける権利を保障するための環境整備の必要性を謳っている法律である。法律の目的としては、「教育基本法及び児童の権利に関する条約等の趣旨に則り、不登校児童生徒に対する教育機会の確保、夜間等において授業を行う学校における就学機会の提供その他の義務教育の段階における普通教育に相当する教育の機会の確保等を総合的に推進」することが基本理念として掲げられている。

　併せて、「全児童生徒が豊かな学校生活を送り、安心して教育を受けられるよう、学校における環境の確保」を掲げた上で、「不登校児童生徒が行う多様な学習活動の実情をふまえ、個々の状況に応じた必要な支援」「不登校児童生徒が安心して教育を受けられるよう、学校における環境の整備」「義務教育の段階の普通教育に相当する教育を十分に受けていない者の意思を尊重しつつ、年齢又は国籍等に関わりなく、能力に応じた教育機会を確保するとともに、自立的に生きる基礎を培い、豊かな人生を送ることができるよう、教育水準を維持向上」とあり、これらの目的の達成のためには、国と地方公共団体、そして民間団体等の密接な連携が必要であるとされている。

　こうした法律が必要になった背景には、子どもたちが抱える問題が複雑化する中で学校が対応しきれないという現状がある。本来、学校はどのような子どもにとっても安心して学ぶことのできる場である必要があるが、さまざまな理由で学校からはじき出される子どもたちが増加している中で、その教育の機会の確保が急がれるようになっている。「教育機会確保法」が成立して以降、夜間中学校の新たな設立が議論されたり、外国につながりのある子どもたちの不就学の実態についての全国調査が行われるようになるなど、これまで光が当てられにくかった人々の教育の機会の確保の必要性が注目されるようになってきたことは重要な一歩だが、現状で学校がどのような問題を抱えているのかを真摯に検討することも同時に残された課題となっている。

（2）学校に行かない・行けない現象はどのように捉えられてきたか

　今日、不登校の子どもたちへの理解や、教育を受ける機会の確保に向けたさまざまな取組が着手されているが、学校に行かない・行けないという現象が社会的理解を得られるようになったのは、比較的最近のことであり、かつては、場合によっては精神病理として扱われることもあった。子どもたちの欠席がどのように捉えられていたのか、振り返っておきたい。

　今日、不登校と呼ばれる現象は、1990年代前半頃までは一般的に「登校拒否」と呼ばれていた。登校拒否の子どもが増加してきたということで、1980年代には社会問題としても注目されていたが、登校拒否の原因は、主には本人の性格傾向や親の育て方であるとされ、精神医療での治療対象とされることもあった。学校に行くことができないということが、本人の病気であると捉えられていたのである。そうした捉え方は、本人やその家族に原因を帰属させて責任を負わせることを強調し、当事者たちを追い詰めていくという問題性をもっていた。特定の性格傾向や育てられ方を登校拒否の原因とする見方は、1990年代に入ると文部省（現、文部科学省）から、「登校拒否は特定の児童生徒の問題ではなく、どの児童生徒にも起こり得るものである」という見解が出されたことからも分かるように、大きく転換していった。呼び名の変化は、欠席現象がもつ社会的な意味が大きく変化したことと連動しているのである（加藤、2012）。

このように、登校拒否から不登校へと子どもたちの欠席を捉える意味が大きく転換したことは、今日の不登校理解の上で重要な視点を改めて思い出させる。一つ目は、子どもたちが学校に行けないことの背景の複雑さに目を向ける必要性である。不登校の子どもの増加は続いているが、子どもたちを取り巻く学校や社会の問題は一層複雑で多岐にわたるものになってきており、それらへの洞察には子どもを取り巻く社会の変化へのまなざしが不可欠である。二つ目は、子どもたちの抱える問題を、本人や家族の問題として自己責任化しないことである。原因のありかだけでなく、そこから付随して必要になる支援や対処を、本人や家族にのみ負わせることは、社会問題を個人化することになり、構造的な問題としての把握から目をそむけることになる。不登校を個人の問題ではなく、社会問題として改めて位置づける視点を確認することが大切である。

4 不登校の子どもたちを対象とした居場所や進路

（1）不登校の子どもたちの利用できる居場所

学校に行くことができない状態になった場合に、どのような相談先があるのか、学校以外に居場所や学ぶ場があるのかなどは、いざ調べても分かりにくい事が多い。また、自治体などの公的な機関が設置した場所もあれば、民間の居場所など、多岐にわたっている。どのような場や機関があるのか代表的なものを見ておきたい。

●学校内の相談先・居場所

先ほども見たように不登校の子どもたちの中には、ある程度学校に行っていることもあるが、自らのクラスで過ごすことに大きな緊張が伴うことも多く、そのため、学校内で保健室が不登校の子どもたちの過ごす場になっていたり、別室登校のための教室が設けてあったりする学校も少なくない。不登校の子どもたちの相談先としては、心理相談の専門家であるスクールカウンセラーがまずは挙げられるが、近年は社会福祉の専門家であるスクールソーシャルワーカーが配置される学校も増えている。スクールソーシャルワーカーとは、学校

と学校以外の関連機関や専門家とをつなぐコーディネーターとしての専門家であり、家庭の困窮や生活不安といった背景をもつ子どもたちの支援の役割が期待されている。ただし、スクールカウンセラーやスクールソーシャルワーカーが学校に常駐していることは稀で、一人が複数の学校を担当しているような配置のため、それぞれの学校で相談に応じられるのは週に一回程度であることが多い。不登校以外にも子どもたちの抱える問題は多岐にわたっていることから、学校での相談に対応できる専門家の拡充が求められている。

　また、担任の先生のほかに、気持ちを理解してくれた先生がいたことが助けになったといったことが、不登校経験者から語られることがある。教師の多忙化の問題が指摘されて久しいが、気になる子どもたちに声をかけたり、話を聞く余裕が教師の側にあることが、子どもたちが教師との間に悩みを話せる信頼関係をつくるためにも大切なことであるといえる。

● 学校外の居場所

　学校で過ごすことが難しいといった場合に、学校以外で学ぶ場が必要である。また、学校には相談ができないといった時に、学校以外での相談の場も必要である。相談の場として、各自治体には、教育相談を行う教育相談センターがあり、心理、教育に関わる専門的な相談を受け付けている。

　公的に設置されている不登校の子どもたちの居場所としては、教育支援センター（適応指導教室）がある。各自治体の教育委員会が設置しており、多くが学習支援を行っているほか、スポーツなどのレクリエーション活動ができることもある。また、地域の図書館と連携して簡易な図書室を置き、定期的に図書を入れ替えるといった工夫がなされている場合もあり、経済的な負担なく子どもたちが学習したり過ごすことができる場となっている。不登校の子どもたちのための学校以外の居場所として、公的に設置されている代表的な場所が教育支援センターなのだが、利用率は低いことが多い。地域で知られていないといったこともあるが、自宅の近くでないために子ども一人で通うことが難しく、親が送迎をする必要があるなどの負担が伴うことも多々ある。**表10-2** は、教育支援センターの設置されている数を都道府県別に示したものである。地域

表10-2　教育支援センター（適応指導教室）の都道府県別設置数

設置数	都道府県
～19箇所	島根県, 徳島県, 秋田県, 奈良県, 富山県, 愛媛県, 長崎県, 鳥取県, 和歌山県, 大分県, 石川県, 香川県
20～29箇所	青森県, 佐賀県, 山梨県, 福井県, 三重県, 山形県, 岩手県, 宮崎県, 京都府, 山口県, 沖縄県, 高知県, 滋賀県, 福島県, 岡山県
30～39箇所	栃木県, 広島県, 鹿児島県
40～49箇所	新潟県, 群馬県, 岐阜県, 宮城県, 熊本県, 静岡県
50～59箇所	大阪府, 福岡県, 茨城県
60～69箇所	千葉県, 北海道, 神奈川県, 長野県, 埼玉県
70～79箇所	兵庫県, 愛知県
80箇所以上	東京都

「児童生徒の問題行動・不登校等生徒指導上の諸課題に関する調査」（2023）より作成

ごとに設置数の差は大きく、通学できる範囲以外に住む子どもには利用しづらいといった問題が生じやすい。

　こうした公的な場以外に、フリースクールやフリースペースといった民間が運営する不登校の子どもたちの居場所もあり、例えば2001年に結成されたNPO法人「フリースクール全国ネットワーク」は、草の根の取組で活動をしている団体が加盟しているネットワークで、Webサイトには各地の加盟団体の情報が掲載されている。こうした民間の居場所の中には、親として子どもの不登校に向き合った経験から居場所の運営を始めたといった運営者もおり、独自の工夫をしながら地域でフリースクール等の運営をしている。今日、こうした教育支援センターや民間のフリースクールなどで不登校の子どもたちが過ごした場合には、「指導要録上の出席」という扱いになるといった措置がとられることになっている。

　これらの場所以外に学習塾や教育関連企業なども、不登校の子どもたちを対象にしたオンラインを含めたさまざまな教育サービスを提供するようになっており、とりわけ都市部においては、学校以外の教育の場は広がりをもってきている。

（2）不登校の子どもたちの進路を考える

　中学校で不登校を経験した子どもたちの進路は、どのような状況になっているのだろうか。不登校を経験して高校に進学した生徒たちの多くが卒業まで全うすることができていることは、先ほど見た高等学校での中途退学の減少からも見て取れる。高校教育が多様化する中で、不登校を経験した子どもたちを積極的に受け入れることを掲げている学校も増えてきている。例えば定時制高校は、かつて昼間は働いている勤労学生が夜間に通うことを想定した高等学校だったが、現在では昼夜間の三部制をとり、登校時間をフレキシブルにしたり、学年制ではなく単位制を採用することで、留年せずに通うことができたりするといったように不登校経験者を多く受け入れる学校となったところが増えている。

　また、通信制高校は、かつては費用はかからないが、学習意欲を持続させることの難しさなどから、卒業まで全うすることは難しいと言われていた。しかし、今日の通信制高校は、サポート校と連携することによって卒業まで継続できる場合が増加している。サポート校とは、通信制高校が制度上もつスクーリングや学習指導のための施設とは別に、通信制高校の課題をこなすことをサポートする民間教育施設で、それ自体は高校ではない。そのため、通信制高校の学費とは別にサポート校のための費用がかかるため、費用負担は小さくない。柔軟で多様なプログラムが用意されていることも多く、例えばイラストやアニメーションなど、子どもの興味関心に直結するような内容となっていることもある。ただし、サポート校は法令上の裏づけがある訳ではないため、必ずしも教育機関としての質が保障されている訳ではない。

　また、「学びの多様化学校（不登校特例校）」という、義務教育段階を含めて、不登校経験者を主な対象に柔軟な教育課程を置く学校は徐々に増えてきており、2023年には東京都や宮城県、岐阜県などに24校が設置されている。

　このように、定時制高校や通信制高校といった、以前からあった学校が、不登校の子どもたちの増加の中で形を大きく変えつつある。新しいカリキュラムや学校形態があらわれており、不登校を経験した子どもたちが将来の可能性を模索しながら前向きに学ぶための場が増えてきている。他方で多様化が進む

と、そうした学校や居場所の情報を集めて特徴や利点、気をつけることなどを確認しながら判断することは、かなり難しいことにもなるため、選択肢が増えるのに伴い信頼できる相談窓口がますます重要になってくる。

5 まとめ

　不登校の子どもたちの大きな増加が続く現状は、公教育自体のあり方が問われていると言ってもよい状況だろう。学校が全ての子どもたちにとって安心して学ぶことのできる場となるような、継続した学校改善の努力が重要である。それに加えて、学校に十分に通えない子どもたちに学ぶ機会が保障されるために、既存の学校以外にも学ぶ場や環境を整えていくことが求められている。「教育機会確保法」の成立以降、子どもたちが学校に行くことのできない状況の実態調査や、新しいタイプの教育の場をつくる試みが進んでいる。どのような理由であれ、学校に行くことのできなかった子どもたちが、将来安定して社会参加ができるような道筋を整え、悩み迷いながらも道を見つけていくプロセスを支えることが必要なのである。

？ 考えてみよう

1. 学校に行きたくないと思った時のことを思い出して、その時の気持ちや理由を書き出してみよう。また、それについてグループで話し合ってみよう。
2. 地域にある教育支援センターなどの不登校の子どもたちが利用できる教育施設や相談所を調べてリストを作成しよう。それをもとに、不登校の子どもたちにどのような情報が必要かを話し合ってみよう。

┌──┐
　　　　　　　　📋 読んでみよう

　1．園山大祐編『学校を離れる若者たち─ヨーロッパの教育政策にみる早
　　　期離学と進路保障』ナカニシヤ出版、2021年。
　2．リッジ・テス（渡辺雅男監訳）『子どもの貧困と社会的排除』桜井書店、
　　　2002＝2010年。
└──┘

【引用・参考文献】
・伊藤秀樹『高等専修学校における適応と進路─後期中等教育のセーフティネット』
　東信堂、2017年。
・梶原豪人「なぜ貧困家庭の子どもは不登校になりやすいのか」『教育社会学研究』
　第109集、2021年、51〜70ページ。
・加藤美帆『不登校のポリティクス─社会統制と国家・学校・家族』勁草書房、
　2012年。
・宮島喬・太田晴雄編『外国人の子どもと日本の教育』東京大学出版会、2005年。
・文部科学省「外国人の子供の就学状況等調査結果について」、2022年。
・文部科学省初等中等教育局児童生徒課『児童生徒の問題行動・不登校等生徒指導上
　の諸課題に関する調査結果について』平成28年度〜令和４年度
・リッジ・テス（渡辺雅男監訳）『子どもの貧困と社会的排除』桜井書店、2002＝
　2010年。
・佐久間孝正『外国人の子どもの不就学』勁草書房、2006年。

第 **11** 章

インターネット・携帯電話に
関わる問題

山田 智之

インターネットが普及し、時間や距離を気にせず情報の収集や発信ができるようになり、我々の生活は大きく変化した。また、近年のＳＮＳの登場は、人間関係や文化、コミュニケーションのあり方など、社会に大きな変化をもたらした。他方、子どもたちのインターネットに関わるトラブルも身近なものとなった。インターネットに関わるトラブルは、発生してしまうと完全に解決することは難しい。学校では未然防止の体制を整えることが重要となる。　本章では、『生徒指導提要（改訂版）』（文部科学省、2022b）をもとに、インターネット・携帯電話に関わる問題について、生徒指導の視点から解説する。

1 青少年のインターネットの利用状況

　内閣府（2023）によれば、青少年の98.5％がインターネットを利用しており、利用する機器は、スマートフォンが73.4％、学校から配布・指定されたパソコンやタブレットなど（ＧＩＧＡ端末）が63.6％、ゲーム機が63.2％、テレビ（地上波・ＢＳ等は含まない）が56.0％、自宅用のパソコンやタブレットなどが48.1％であった。学校種別では小学生（10歳以上）の97.5％、中学生の99.0％、高校生の98.9％がインターネットを利用していると回答していた（**図11-1**）。学校段階による利用する機器の変遷をみると、学校段階が高くなるにしたがって、学校から配布・指定されたパソコンやタブレットなど（ＧＩＧＡ端末）、ゲーム機、自宅用のパソコンやタブレットなどの利用が減少し、スマートフォンの利用が急速に増加している。

　日本において、スマートフォンの普及したのは、ハードウェアの発達とともにX（Twitter）、FacebookやLINEといったＳＮＳの登場が関係している。また、スマートフォンは、パソコン用のサイトにアクセスできることもあり、手元の端末で多くの情報を受け取ることができる時代となった。青少年がこれを利用するようになるのは必然的なことである。

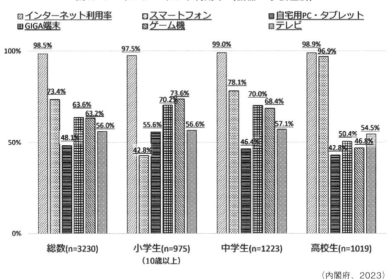

図11-1　インターネット利用率（機器・学校種別）

（内閣府、2023）

　他方、学校現場においては、ＳＮＳの利用によってトラブルが発生することも少なくない。いじめ、個人情報の流出、誹謗中傷、炎上、著作権侵害、青少年有害情報の流通、自画撮り被害、出会い系サイトの利用、パパ活、アカウントの乗っ取りなどさまざまである。学校がこのようなインターネット・携帯電話に関わる生徒指導上の問題に適切に対処することは、きわめて重要である。

2　インターネット・携帯電話に関わる関連法規

　青少年が安全に安心してインターネット・携帯電話を利用できるよう、学校では、児童生徒の発達段階を考慮して、教育活動全体を通じて組織的・計画的に生徒指導を展開することが不可欠である。ここでは、その前提となる関連法規について概観する。

（1）インターネット環境整備法

「平成27（2015）年法律第79号　青少年が安全に安心してインターネットを利用できる環境の整備等に関する法律」

　青少年有害情報から青少年を守ることなどを目的に、保護者は子どものインターネットの利用を適切に管理すること、18歳未満の青少年が携帯電話を利用する場合は、保護者と携帯電話インターネット接続事業者は、フィルタリング利用を条件としなければならないことなどが定められた。

（2）出会い系サイト規制法

「平成15（2003）年法律第83号　インターネット異性紹介事業を利用して児童を誘引する行為の規制等に関する法律」

　インターネット異性紹介事業の利用に起因する児童買春やその他の犯罪から児童を保護することを目的に、インターネット異性紹介事業を利用して児童を性交などの相手方となるように誘引する行為等を禁止し、インターネット異性紹介事業について必要な規制を行うことが定められた。

（3）プロバイダ責任制限法

「平成13（2001）年法律第137号　特定電気通信役務提供者の損害賠償責任の制限及び発信者情報の開示に関する法律」

　特定電気通信による情報の流通によって権利の侵害があった場合に、プロバイダ（サーバの管理者・運営者、掲示板管理者などを含む。）の損害賠償責任の制限と、発信者情報の開示を請求する権利などが定められた。

（4）その他の法律など

　インターネット問題に関する関連法規として、「平成11（1999）年法律第52号　児童買春、児童ポルノに係る行為等の規制及び処罰並びに児童の保護等に関する法律」が挙げられる。当該法は、インターネット利用機器の発展やＳＮＳ利用状況の変化に伴い、令和4（2022）年法律第76号による改正が行われ、児童ポルノ（18歳未満の男女の性的な部位が露出されたり強調されたりしているものなど）を自己の性的好奇心を満たす目的で所持すると罪に問われることがあること、18歳未満の者の裸などをスマートフォン・携帯電話などで撮影す

る行為は、「児童ポルノの製造」に当たるとされることなどを定めている。

3 インターネットに関わる生徒指導上の諸問題

　文部科学省（2022a）によれば、インターネット上のいじめは、約2万2千件と前年度と比べて約3千件増加していた。ＳＮＳなどを用いたいじめについては、外部から捉えにくく、匿名性が高いなどの性質を有していることに加え、ＳＮＳ環境の多様化などがあり、学校が認知しきれていない可能性がある。

　インターネット・携帯電話に関わる問題について、『生徒指導提要（改訂版）』（文部科学省、2022b）では、指導・啓発に関わる留意事項として、（1）ネットの匿名性、（2）ネットの拡散性、（3）ネットいじめ、（4）ネットの長時間利用を挙げ、問題解決に向け、組織的に取り組むことの重要性を掲げている。そして、学校では、①未然防止、②早期発見、③適切かつ迅速な対処という3つの局面において、計画的に取り組むとともに、関係機関などと連携しながら「チーム学校」として対策を進めることが必要となる。

（1）ネットの匿名性

　インターネット上では、アカウントやユーザー名で識別されるため、実際の人物が分からないといった匿名性がある。これはユーザーが不利益を被らないように身元を隠すことができるといったメリットであり、自ら公表しない限り匿名性は確保される。また、このような匿名性は、自由な発言や気軽にコミュニティに参加できるといった環境ができ、忌憚のない意見交換ができるといった特性も有している。他方、匿名性が高いことから、子どもたちはインターネット上で、他者の誹謗中傷を掲示板などに書き込んだり、いじめなどの行為を行ったり、炎上などの人間関係上のトラブルを起こすことがある。トラブルが発生した場合は、当事者間で解決することは難しく、匿名性の高さがデメリットとなっている。

（2）ネットの拡散性

　インターネットで発信された情報は、瞬時に世界中の人が見ることができ

る。特にＳＮＳの拡散性は高く、ユーザーの投稿がシェアされていくことで、気になる話題や最新の情報が即座に拡散される。また、拡散によって認知度が上がり、新たな交流につながるといった特性をもっている。企業の場合であれば、拡散によってブランディングが向上し、顧客の獲得にもつながるといったメリットをもっている。他方、インターネット上に書き込まれたコメントや画像などの情報は、一度拡散されると、削除することは困難であり、半永久的にインターネット上に残るといったデメリットがある。このような特性は、完全に消すことが難しい入れ墨（タトゥー）に例えて「デジタルタトゥー」とも呼ばれている。また、ＳＮＳやアプリのコメント欄などは、匿名性と相まって誹謗中傷の拡散にもつながることがある。さらに、多くの人の目に触れることから炎上を招き、個人が特定されてしまうこともある。交際していた相手の性的な写真をインターネット上で拡散する「リベンジポルノ」などの犯罪によって、子どもたちが被害を受けることも少なくない。

（3）ネットいじめ

　文部科学省（2022）によれば、いじめの態様のうち、パソコンや携帯電話等を使ったいじめは 21,900件（前年度18,870件）であり、総認知件数に占める割合は3.6%（前年度 3.6%）であった。**図11-2** は、いじめの様態状況について学校段階別に示したものである。**図11-2** の「パソコンや携帯電話等でひぼう・中傷や嫌なことをされる。」の項目を見ると、小学校・中学校・高等学校と学校段階が高くなるにつれて、増加していることが認められる。このような増加は、**図11-1** の学校段階が高くなるにつれて、スマートフォンの利用が増加していることと一致している。

　ガラケー（ガラパゴス携帯の略：３Ｇ回線を使用するフィーチャーフォン）時代の子どもたちは、メールのほか、「学校裏サイト」で交流していることが多く、これは匿名で書き込むことが可能であったため、過激な表現を用いた誹謗中傷や、特定の個人を名指ししたデマなどが見られた。スマートフォンが主流になってからは、無料通話アプリやＳＮＳでの交流が中心となり、これらは基本的に記名が必要となるため、直接的な攻撃よりも、グループから外したり、

図11-2　いじめの様態状況（文部科学省、2022）

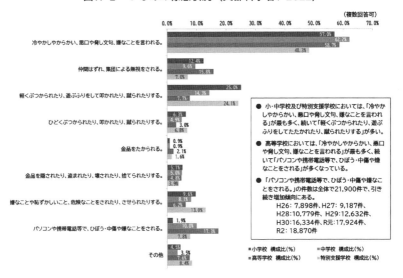

対象をぼかしたりする傾向が見られるようになった。**図11-2**の「仲間はずれ、集団による無視をされる」の項目で、高等学校の値が高いことは、**図11-1**における高校生のスマートフォンの利用が最も高いことと一致している。

（4）ネットの長時間利用

　内閣府（2023）によれば、インターネットを利用すると回答した青少年の平均利用時間は、約4時間41分であり、前年度の同調査より17分増加していた。また、高校生の利用時間は約5時間45分、中学生の利用時間は約4時間37分、小学生（10歳以上）の利用時間は約3時間34分であり、学校段階が高いほど長時間にわたり利用する傾向が見られた（**図11-3**）。また、目的ごとの平均利用時間は、趣味・娯楽が最も多く、約2時間49分であった（**図11-4**）。

　インターネットの長時間利用が日常生活に及ぼす影響は小さくない。オンラインゲームをしたり、ネット動画を見たり、テレビ番組をスマホで見たり、友だちとチャットで会話したりすることで、ついつい寝るのが遅くなってしまうといった子どもは少なくない。睡眠時間が足りないと、健康や成長に悪影響を

図11-3　青少年のインターネットの利用時間（利用時間の合計／平日１日あたり）

□ わからない・無回答　▨ 1 時間未満　▨ 1 時間以上 2 時間未満　▥ 2 時間以上 3 時間未満　▨ 3 時間以上 4 時間未満
▦ 4 時間以上 5 時間未満　▨ 5 時間以上 6 時間未満　□ 6 時間以上 7 時間未満　▨ 7 時間以上

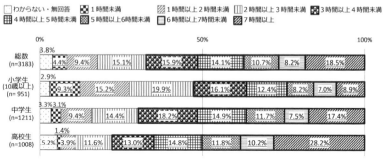

（内閣府、2023）

図11-4　目的ごとの青少年のインターネットの利用時間（利用時間の合計／平日１日あたり）

□ わからない・無回答　■ 1 時間未満　▨ 1 時間以上 2 時間未満　▥ 2 時間以上 3 時間未満　▨ 3 時間以上 4 時間未満
▦ 4 時間以上 5 時間未満　■ 5 時間以上

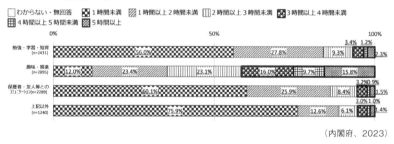

（内閣府、2023）

及ぼし、授業中に居眠りしてしまうなど、学校生活にも影響が及んでしまうことがある。また、常にＳＮＳのメッセージが気になり、自分をコントロールできず何事にも集中できなくなるなど、日常生活に支障をきたすこともあり、生徒指導上の課題となっている。

 組織的な取組

　インターネットでは、トラブルが発生してしまうと完全に解決することが極めて難しい。また、その様態は多岐にわたり、情報が瞬時に拡散されてしまうため、日頃から未然防止体制を構築しておく必要がある。そのためには、多方

面にわたる専門家などから構成される対策委員会を設置し、スクールカウンセラー（ＳＣ）、スクールソーシャルワーカー（ＳＳＷ）、警察、消費生活センター、児童相談所など、多角的な視点から状況を把握し、的確な対応ができるように準備しておくことが重要である。

（1）インターネット対策の中心組織の設置

　インターネットに関する問題が発生した際には、緊急かつ広い範囲での対応が求められる。そのため、生徒指導担当者だけでの対応では不十分で、学校・地域・家庭を挙げての取組が必要となる。インターネット対策の中核となり、情報交換と方針策定のための協議を行う組織を、校務分掌に位置づけることが求められる。**図11-5**は、ある中学校の校務分掌組織図である。生徒指導部の職務は、生徒指導（生活指導、教育相談、安全指導、庶務、渉外・補導）のほか、人権教育、生徒会（生徒会・各種委員会活動）といった係が配置されている。また、生徒指導部は、主幹・主任・主事の横のつながりを通して、他の分掌や特別委員会との密接な連携・協力のもと、多角的に生徒指導を展開することができるようになっている。特別委員会には、職場体験授業委員会や特別支援教育推進委員会、授業改善校内検討委員会、体育大会委員会、文化行事委員会などさまざまなものがあり、インターネット対策の中心となる組織は、特別委員会の中に設置される。インターネット対策の中心となる組織の仕事としては、以下のようなものがある。

- 情報集約と指導方針の決定：教員の共通理解を図る委員会や会議を開催し、インターネット問題の集約や対策、指導方針の決定を行う。
- アンケート調査などの実施：児童生徒のインターネットに関わる行動実態を把握するためのアンケート調査や聞き取り調査などの実施と集約を行う。
- 啓発活動の実施：講演会などの開催や教科の授業の中で系統的にインターネットの知識や課題解決方法について学ぶ機会を設ける。
- 児童生徒間の話合い、ルールづくり：児童生徒がインターネットの扱いについて主体的に考え議論しながら、対応策やルールなどを検討する機会を設け、インターネットに関わるトラブルが発生した場合、生徒指導部と連携し

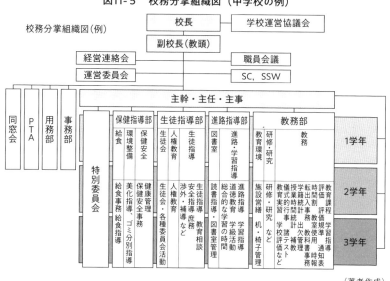

図11-5　校務分掌組織図（中学校の例）

校務分掌組織図(例)

校長 ── 学校運営協議会

副校長(教頭)

経営連絡会 ── 職員会議

運営委員会 ── SC，SSW

主幹・主任・主事

同窓会｜PTA｜用務部｜事務部｜特別委員会

保健指導部
給食｜環境整備｜保健安全
給食事務｜美化指導、ゴミ分別指導｜健康管理｜保健安全事務

生徒指導部
生徒会｜人権教育｜生徒指導
生徒会・各種委員会活動｜人権教育｜渉外・補導など｜安全指導庶務｜生徒指導・教育相談

進路指導部
図書室｜進路・学習指導
読書指導・図書管理｜進路指導｜道徳教育｜総合的な学習の時間｜学級活動

教務部
教育環境｜研修・研究｜教務
施設営繕｜机・椅子管理｜研修・研究など｜教務

1学年
2学年
3学年

（著者作成）

　て緊急会議を開催し、情報共有を図り、当該児童生徒及び周辺児童生徒への指導にあたる。

　このような校務分掌組織のもと、教職員が自身の専門性を生かし、生徒指導部とインターネット対策の中心となる組織が連携し、学校・地域・家庭をあげて、組織的に問題の解決に取り組んでいく必要がある。

（2）インターネット問題の相談・通報窓口

　万が一トラブルに巻き込まれた場合、児童生徒が相談・通報できる窓口を設置することが不可欠である。また、学級・ホームルーム担任などが相談を受けた場合、当該の窓口と連携し、組織的に対応することが肝要である。

5　インターネットをめぐる課題に対する重層的支援構造

　各学校においては、児童生徒にインターネットに関わる課題への対応や知識を身につけさせ、インターネットトラブルを生まない環境づくりを目指すこと

図11-6　インターネットに関わる諸問題防止のためのリスクマネジメント図

インターネットに関わる諸問題を解決するためには、法令を遵守し、組織的に対応することが重要です。また、万が一トラブルが発生した場合は、個人情報に留意しつつ、情報の透明性を確保し、説明責任を果たすことも忘れてはいけません。

インターネットに関わる生徒指導上の諸問題防止のための基本スタンス

問題を拡大させない

未然防止 計画力 ／ 早期発見 情報収集

問題に気づくこと。

教職員の組織力

迅速かつ適切な対処

保護者・地域及び関係諸機関との連携

インターネットに関わる諸問題は早期発見・早期対応が基本です。対応が遅れると問題が拡散してしまったり、新たな問題が発生し、複雑化する可能性があります。

組織的な対応で情報を共有化(記録)し、インターネットに関わる諸問題のハザード(問題が発生しやすい要因や環境)を把握することで解決への糸口を探る。そして、インターネットトラブルを生まない環境づくりを目指す。

学校経営・日常業務に活かす

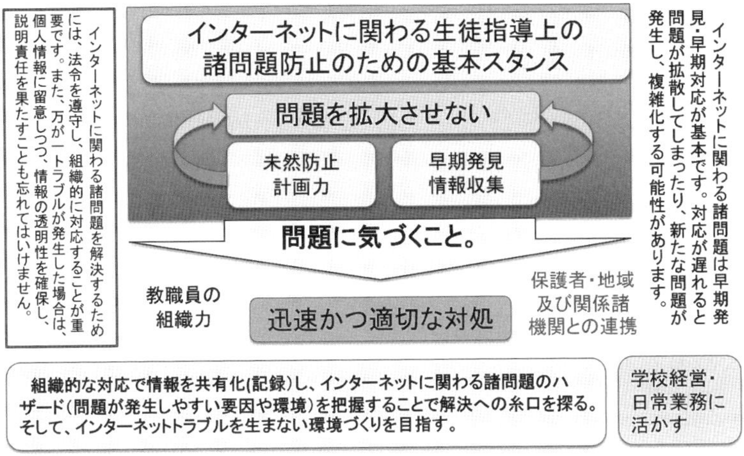

（著者作成）

が不可欠である。そのためには、教職員のインターネットをめぐる課題への十分な理解が必要であることは言うまでもない。また、万が一トラブルが発生しても、自分たちで解決できるシステムや相談体制を整備することも重要である。そこで大切なのが、児童生徒と教職員、保護者及び地域などとの連携と、インターネットに関わる諸問題防止のためのリスクマネジメントである。

図11-6は、インターネットに関わる諸問題防止のためのリスクマネジメント図である。学校及び教職員には、インターネットに関わる諸問題防止のためのリスクマネジメントの基本スタンス「問題を拡大させない」を念頭に、（1）未然防止、（2）早期発見、（3）適切かつ迅速な対処という3つの局面を適切に実行することが求められる。

6 関係機関等との連携体制

　インターネット問題は、その様態や影響が多岐にわたるため、教職員と保護者、地域の人々、関係諸機関との連携がきわめて重要である。特に問題の解決

には、特別な知識と専門性が求められることもあり、連携者それぞれの専門性を互いに理解し、協働していくことが必要となる。

（1）保護者との連携

インターネット問題の適正な管理・対応については、保護者との連携が必要不可欠である。保護者との連携を図るためには、まずは学校内での体制づくりが必要である。例えば、学校にインターネット対策の中心となる組織である「情報委員会」などを設置し、児童生徒のさまざまな情報を共有するとともに、ＰＴＡや地域に働きかけて連携体制を構築することで、共有の認識が生まれ、さまざまな問題を防止することができる。

（2）警察やスクールロイヤーとの連携

学校が生徒指導に関わる問題の解決を目指すのは当然のことであるが、インターネットに関わる諸問題に自力で対応するのには限界がある。そこで、自治体の福祉担当者や警察、スクールロイヤーといった専門家との連携は、きわめて重要なものとなる。そのため、日頃から密接に連絡を取り合い、情報交換をしておくことがきわめて大切である。専門的な知識は、教員が対応を判断する時の助けになるとともに、いざという時に支援を求めやすくもなる。

（3）消費生活センターとの連携

近年、ワンクリック詐欺やフィッシング詐欺、ネットオークション詐欺などインターネットを介した金融に関わる犯罪が増加傾向にあり、児童生徒が巻き込まれることも少なくない。ＳＭＢＣコンシューマーファイナンスが行った「10代の金銭感覚についての意識調査2022」の結果によれば、詐欺などのトラブルの被害にあったことがある人の割合は、男性：13.0％、女性：10.2％であった。また被害経験者（116名）に内容を聞いたところ、特定ページの閲覧後に契約成立の宣言画面が表示され金銭を要求される「ワンクリック詐欺」（25.9％）が最も高く、「フィッシング詐欺」（20.7％）、「無料商法」（19.8％）、「キャッチセールス」（16.4％）、「ネットオークション詐欺」「マルチ商法・ねずみ講」（いずれも14.7％）となっていた。学校がこのような事案を把握した際には、抱え込むのではなく、早期に消費生活センターへの相談を勧めるなど

の支援を行うことが重要である。

（4）相談機関の周知

　インターネット上でさまざまな問題に直面した際には、前述の関連機関のほか、相談内容に応じて各種相談窓口に問い合わせることが必要になる。居住地域にどのような関係機関や相談窓口があるかを、相談機関一覧表を配布するなどして、児童生徒や保護者に周知しておくことも大切である。

? 考えてみよう

1．インターネットに関わる諸問題のハザード（問題が発生しやすい要因や環境）にはどのようなものがあるか考えてみよう。また、それらのハザードに学校はどのように対応すればよいか考えてみよう。

📖 読んでみよう

1．藤川大祐『教師が知らない「子どものスマホ・SNS」新常識』教育開発研究所、2021年。
2．原早苗・坂本かよみ・公益社団法人日本消費生活アドバイザーコンサルタント相談員協会（NACS）・ICT委員会『ネット・SNSの危険から子どもを守れ！―教師・親のための早わかりbook』ぎょうせい、2021年。

【引用文献】

・内閣府「令和4年度青少年のインターネット利用環境実態調査」、2023年。
・文部科学省「令和3年度児童生徒の問題行動・不登校等生徒指導上の諸課題に関する調査結果について」、2022a年。
・文部科学省『生徒指導提要（改訂版）』、2022b年。
（https://www.mext.go.jp/a_menu/shotou/seitoshidou/1404008_00001.htm）
・ＳＭＢＣコンシューマーファイナンス株式会社、「10代の金銭感覚についての意識調査」2022年。
（https://www.smbc-cf.com/news/datas/news_20220825_.pdf）

第 *12* 章

性やジェンダー

内海 美由紀

1 性やジェンダー：
児童生徒の多様性を受け止めるための仕組み

（1）性の多様性

　まず、教員になったあなたを想像してみよう。あなたが受けもつ児童生徒は、「男子」と「女子」で、「異性愛者」だろうか。そうであったならば、その認識を改める必要がある。なぜなら性のあり方は、「恋愛する・しない」、も含めて、より多様だからである。本章では、「チーム学校」の組織づくりをふまえて、「性同一性障害」をはじめとする「性的マイノリティ」の児童生徒も過ごしやすい学校のあり方を考えてみたい。

（2）性同一性障害・性的マイノリティとは

　それでは、「性同一性障害」や「性的マイノリティ」とは何だろうか。「性同一性障害者の性別の取り扱いの特例に関する法律」第２条では、以下のように述べている。「生物学的には性別が明らかであるにも関わらず、心理的にはそれとは別の性別（以下「他の性別」という。）であるとの持続的な確信を持ち、かつ、自己を身体的及び社会的に他の性別に適合させようとする意思を有する者であって、そのことについてその診断を的確に行うために必要な知識及び経験を有する二人以上の医師の一般に認められている医学的知見に基づき行う診

表12-1 性的マイノリティを表す用語の例

LGBT	**L**esbian 女性同性愛者	**G**ay 男性同性愛者	**B**isexual 両性愛者	**T**ransgender 身体的性別と 性自認が一致 しない人
SOGI	**S**exual **O**rientation 性的指向		**G**ender **I**dentity 性自認	
性同一性障害 GID **G**ender **I**dentity **D**isorder	MtF（男性から女性へ） **M**ale to **F**emale		FtM（女性から男性へ） **F**emale to **M**ale	

断が一致しているもの」（平成15（2003）年法律第111号第2条）と、いうことである。

やや堅苦しく分かりづらいので、性同一性障害の当事者である西野明樹の言葉を借りてみよう。西野は、自身の背景もふまえながら、性同一性障害について、「生まれたときの身体的な性別の特徴と自分の性別に関する認識が一致していない状態」（西野、2018、34ページ）と述べている。

なお、医療的な「診断」とは言っても、それは「治す」といった治療や矯正などを目的とするものではない。性同一性障害は、あくまで児童生徒の「個性」だからである。ただし後述するが、性的マイノリティとして生活を送る上で、特別な支援といった合理的配慮を必要とする場合がある。そのため、「診断」の内容や、児童生徒の心情などに基づいた丁寧な対応が求められるのである。

なお、ＬＧＢＴについては、「ＬＧＢＴ」とひとくくりにされて表現されることも多いが、それぞれ「性的指向」（ＬＧＢ）と「身体的性別と性自認の状態の不一致」（Ｔ）を表すことに注意したい（西野、2018、38ページ）。

（3）学校における「性的マイノリティ」への対応とその重要性

少なくない数の性的マイノリティは、深刻な悩みや不安を抱える。その原因は、例えば自身の身体と心への戸惑いや、周囲の無理解による差別や偏見など、多様である。そしてそれは時に、残念ながら、自殺といったきわめて深刻な結果を招くこともある。そのような状況を受け、「自殺総合対策大綱」が平成24

表12-2　学校における性同一性障害に関わる児童生徒への支援の取組の流れ

平成15（2003）年「性同一性障害者の性別の取扱いの特例に関する法律」
平成22（2010）年「児童生徒が抱える問題に対しての教育相談の徹底について」
平成24（2012）年「自殺総合対策大綱」
平成26（2014）年「性同一性障害に関わる対応に関する状況調査」
平成27（2015）年「性同一性障害に係る児童生徒に対するきめ細かな対応の実施等について」
平成29（2017）年「「いじめの防止等のための基本的な方針」」

（文科省、2016、1ページを参考に内海が作成）

（2012）年に閣議決定された。この大綱によって、性的マイノリティの置かれている深刻な状況が、社会的にも本格的に受け止められ、一刻も早い改善の必要が示されたといえる。そして、その支援策として、学校を含む関係各所と連携を行うことの重要性が明記された（厚生労働省、2012、14ページ）。このことからも、「チーム学校」体制の担う役割に大きな期待が寄せられていることが分かる。

　表12-2に見るように、平成15（2003）年の「性同一性障害性同一性障害者の性別の取扱いの特例に関する法律」の制定以降、性的マイノリティの児童生徒への本格的な対応が求められるようになった。例えば、平成26（2014）年、性的マイノリティの児童生徒の状況把握のため、文科省は、学校における性同一性障害に関わる対応についての状況調査を実施した。すると、任意の回答という限られた状況であったにも関わらず、性同一性障害に関する教育相談等について、実に606件もの報告が挙げられたのである（文部科学省、2016、1ページ）。

　そして、その悩みのうち、いじめの問題も見落とすことはできない。平成29（2017）年、「いじめ防止対策推進法」に基づく「いじめの防止等のための基本的な方針」が改訂された。これによって、「性同一性障害や性的指向・性自認に係る児童生徒に対するいじめを防止するため、性同一性障害や性的指向・性自認について、教職員への正しい理解の促進や、学校として必要な対応について周知する」（文部科学省、2017、3ページ）ことの重要性が示されたのである。

表12-3　性同一性障害に関わる児童生徒に対する学校における支援の事例

項目	学校における支援の事例
服装	自認する性別の制服・衣服や体操着の着用を認める。
髪型	（戸籍上男性）標準より長い髪形を一定の範囲で認める。
更衣室	保健室や多目的トイレなどの利用を認める。
トイレ	職員トイレや多目的トイレなどの利用を認める。
呼称の工夫	校内文書（含通知表）を児童生徒が希望する呼称で記す。 自認する性別として名簿上扱う。
授業	体育または保健体育において別メニューを設定する。
水泳	（戸籍上男性）上半身が隠れる水着の着用を認める。 欠席を選択した場合、補習日を設ける、またはレポート提出で代替する。
運動部の活動	自認する性別に係る活動への参加を認める。
修学旅行など	一人部屋の使用を認める。 入浴時間をずらす。

『生徒指導提要』（2021）をもとに、内海が作成

（4）児童生徒の悩みがあらわれる場面を知る

　例えば、児童生徒の悩みがあらわれる日常の一場面として、トイレの利用場面を挙げたい。大手トイレメーカーとして知られるTOTOは、トランスジェンダーを対象に、トイレ利用場面における調査を行った。トランスジェンダーは、体の性で割り当てられたトイレを使うことに違和感を覚えることが少なくないためである。そして、その違和感を覚えた時期の調査では、実に3割近くのトランスジェンダーたちが、第二次性徴期にあたる小学校高学年から中学生までの時期に違和感を覚えはじめたと回答している（TOTO、2018）。

　トイレの場面に限らず、そのほかにも、男子の場合は濃くなった体毛を気にする、女子の場合は生理をひどく恥ずかしがる、といった場面などもある（西野、2018）。また、表12-3に挙げたような場面にも留意するよう心がけることが重要である。

（5）悩む児童生徒に出会ったら：「チーム学校」に基づく学内外の連携

　実際に悩みをもつ児童生徒に出会ったら、大人たちは何ができるだろうか。

図12-1　子どもを中心とした
「チーム学校」モデル

表12-4　それぞれの役割と留意点

保護者	● 丁寧に話し合う ・児童生徒の性の多様性を、受容している／していない、等の状況をよく把握する。
教育委員会	● 教職員の資質向上を目指す。 ・人権教育担当教諭、生徒指導担当者、養護教諭や管理職などを対象とした研修の実施 ・学校医やSCを講師とした研修の実施
医療機関	● 医学的見地からの診断・助言など ・国内に専門的医療機関が少ない。 ・都道府県の保健福祉センター等での情報提供

『生徒指導提要』（2021）をもとに、内海が作成

残念ながら、日本では未だ性的マイノリティについて診断できる医療機関が少ないなど、支援体制が追いついていない。そのような背景もあり、教職員や親たちだけでなく、当事者である児童生徒自身が正確な情報をもたず、不安を抱えている場合もある。そのため、それぞれの役割をふまえながら、常に児童生徒を中心として、適切に連携体制を築いていくことが重要といえる。

2 「生命（いのち）の安全教育」に基づく子どもたちの性の指導

（1）「チーム学校」をふまえた連携モデル

　2020年、政府の「性犯罪・性暴力対策強化のための関係府省会議」において、「性犯罪・性暴力対策の強化の方針」が決定した。被害者の尊厳を著しく傷つける性犯罪・性暴力は、根絶が目指される。そのためには、「チーム学校」をふまえた関係機関と連携した未然防止策と、被害者支援の両立が喫緊の課題といえる。まずは、以下の**表12-5**「チーム学校」モデルを見てみよう。

表12-5　チーム学校モデル

学校	関係機関
【児童生徒に対して】 ●「生命（いのち）の安全教育」 ・発達や理解度に応じた教育・防犯指導 ・相談先の周知など **【教職員に対して】** ●養護教諭や関係機関と連携した研修 ・性犯罪等の実態を知る ・初動対応の重要性を知る、など	**【関係省庁】** 文科省、内閣府、警察庁、厚労省、など **【関係機関・専門家】** 各教育委員会や委員会に置かれた弁護士、児童相談所、警察、ワンストップ支援センター、スクールカウンセラー、サイバーパトロール、PTA、など ●学校、児童生徒、地域や保護者への研修・啓発活動などを行う

『生徒指導提要』（2021）をもとに、内海が作成

1）学校の体制

　まず学校は「生命（いのち）の安全教育」の徹底を通して、性犯罪を決して許さない風土を築き上げる。そしてそれは、子どもへの教育だけで成り立つものではない。教職員もまた、研修などの機会を利用して、性犯罪の実態などについて学ぶ必要がある。その際は、養護教諭や他の教職員、関係機関と連携することによって、さらに強固な性犯罪の防止体制を築き上げることができる。

2）関係機関や専門家、地域、保護者の体制

　関係機関や専門家らは、児童生徒向けの出前授業、教職員向けの研修、地域や保護者への研修や啓発活動などを行うことで、実効性のある組織体制を確立し、かつ地域ぐるみの援助を実現することができる。

　上記のような日々の連携体制は、実際に学校が被害を把握した際にも役立つ。なぜなら、日頃からそれぞれの機関や専門家の特性を理解しているからこそ、速やか、かつ適切な初動対応をとることができるためである。

（2）「生命（いのち）の安全教育」に基づく未然防止教育
1）「生命（いのち）の安全教育」とは

　「生命（いのち）の安全教育」の取組は、「生命の尊さを学び生命を大切にする教育、自分や相手、一人一人を尊重する教育」（内閣府、2020、8ページ）のさらなる推進を目指すために強化された。児童生徒が生命（いのち）を大切

表12-6 生命（いのち）の安全教育における留意点

【全学年】	
● 授業後に、児童生徒が性暴力被害を受けた、もしくは受けていることを開示してきた場合の対応を事前に検討しておく。	
【養育環境などへの配慮が必要な場合】	【外国人児童生徒への配慮】
● 家庭で被害経験（性暴力被害のみならず、身体的虐待や心理的虐待、ネグレクトの被害を含む）がある児童生徒は、「自分の体も相手の体も大切」等の内容を理解、実践できない可能性がある。 ・当該の児童生徒については、家庭の養育環境を含む他の要因があることを考慮し、児童相談所等の専門機関と連携して対応する。	● 挨拶の際の行動や、距離感等の考え方が、文化によって異なる場合がある。 ・外国人児童生徒の文化的な背景に十分配慮し、外国人児童生徒の行動が他の児童生徒からの非難の対象となったり、外国人児童生徒の自尊感情を低下させたりするようなことがないようにする必要がある。

「生命（いのち）の安全教育指導の手引き」2ページ～3ページをもとに内海が作成

にし、性犯罪・性暴力の加害者にも、被害者にも、傍観者にもならないよう、という趣旨に基づく。具体的には、

> ①生命（いのち）の尊さや素晴らしさ
> ②自分を尊重し大事にすること（被害者にならない）
> ③相手を尊重し大事にすること（加害者にならない）
> ④一人一人が大事な存在であること（傍観者にならない）

の4つをねらいとし、展開される。

2）指導における留意点

　指導にあたっては、児童生徒の発達段階や学校の状況をふまえた上で、教育課程内外のさまざまな活動を行う。また、その際は、子どもの理解を促すため、アクティブラーニング手法などを用いた指導などを心がけることが重要である。そして障害をもつ子どもの場合は、障害の特性や程度に応じた適切な指導を行うことが必要である。さらに、各教科の目標や内容などもふまえた上で、適切に展開することも重要である。なお、実施にあたっては、表12-6のような留意点がある。

（3）被害者支援：早期発見と早期対応の基本

　性的虐待や性的被害などに遭遇した児童生徒は、長期的に心的外傷後ストレス障害（ＰＴＳＤ）を引き起こすことも多く、慎重な対応が求められる。そのため、早期に専門家に相談し、養護教諭、学級・ホームルーム担任、学校医、ＳＣ、ＳＳＷなどが連携し、援助することが必要である。

　また、性的虐待は、表面化しにくいケースも多い。例えば、加害者が保護者や家族といった場合もある。その場合、子ども自身も被害にあっているという自覚をもちにくいことが多いためである。加えて、客観的証拠も少ない。そのため、被害の開示があった場合は、速やかに児童相談所等に通告することが不可欠である。

　なお、性的虐待や性的被害をめぐっては、「男性や性的マイノリティは被害の声を上げにくい」という指摘もある。そのため、日頃の研修などを通じて、教職員における理解の徹底を目指し、被害を受けた子どもが声を上げやすい環境を構築していく必要がある。

（4）「生命（いのち）の安全教育」に基づく未然防止教育と被害者支援の両立のモデル

　以上で見てきたように、学校では「生命（いのち）の安全教育」をふまえた上で、未然防止教育を行う。そしてその日々の姿勢は、被害者支援とも連関する。**表12- 7** から、学校、関係機関や専門家の役割、対応を整理してみよう。

表12- 7　「チーム学校」をふまえた学校の役割

「生命（いのち）の安全教育」		
①生命（いのち）の尊さや素晴らしさ ②自分を尊重し大事にすること（被害者にならない） ③相手を尊重し大事にすること（加害者にならない） ④一人一人が大事な存在であること（傍観者にならない）		
未然防止教育		被害に遭ったら
発達段階	内容例	【関係機関との連携】
幼児期〜 低学年	●発達をふまえ、分かりやすい指導を心がける	警察、性犯罪・性暴力被害者のためのワンストップ支援センター、児童相談所など

	・プライベートゾーン（水着で隠れる部分）、口や体などに触れることが相手に不快な気持ちを与えることなどを指導。	【児童生徒への聴き取り対応のポイント】 ● 常に児童生徒の安心を第一に、丁寧に聴き取ることと心がける。話を遮ったり、無理に話を聞き出そうとしたりはしない。 ● 聴き取りで被害が明らかになった場合 ・警察などの関係機関に通告。 ・家族、他の教職員、関係機関との共有範囲について、本人に確認・同意をとる。
高学年～中学生	● ＳＮＳの利用について ・裸の写真を撮らせる・送らせることが性的加害であり、犯罪を含むことを理解させる。	①児童生徒が安心できる場所で、「誰に何をされたか」を丁寧に聞き取る。その際、「あなた」は悪くない、責任はないことを繰り返し伝える。最後には「話してくれてありがとう」と伝える。
中学校～高校	● デートDVについて ・親密な間柄でも、相手が嫌ということはしない、という認識の醸成に向けた指導。	②「なぜ、どうして」という言葉は圧力を感じさせるため、「どういうことで」と言い換える。 ③児童生徒を動揺させないよう、怒りや動揺などの感情的な対応を見せないよう留意する。
高校～大学	● レイプドラッグ、酩酊状態に乗じた性行為、セクシャルハラスメントなどの性的暴力について知る ・相手の望まない性的な行為がすべて性暴力にあたること、性暴力において悪いのは加害者であり、被害者は悪くないと理解させる。	④繰り返し同じ話を聞き取ることは、トラウマを深める可能性があるため避ける。信頼できる複数の教職員（SC、SSWなども含む）で対応する。 ⑤障害のある児童生徒については、個々の障害の特性や状態をふまえた対応をする。

『生徒指導提要』（2021）をもとに、内海が作成

（5）その他の留意点

　以上の内容は、あくまでモデルケースの一つに過ぎない。子ども、地域、家庭、その他のあらゆる状況に応じて、子ども一人一人に合わせて丁寧に対応していくことが、何より重要であるといえる。

❓ 考えてみよう

1. 性やジェンダーのテーマにアクセスしやすくなる教材のイラストを探してみよう。
　性やジェンダーを取り上げるときは、児童生徒も、教員側も、気恥ずかしさが伴いがちである。そこで、その戸惑いや気恥ずかしさに寄り添う教材を調べてみよう。例えば、「性教育いらすと」代表のグラフィックデザイナーである佐藤ちと氏は、性教育やジェンダー理解を促すための無料の教材イラストを作成・公開している。同氏のデザインは、清潔感があり、かつ温かみがある。

このような佐藤ちと氏の
取組をはじめ、親しみや
すい教材として利用でき
るイラストの素材は、決
して少なくはない。そこ
で、

「性教育いらすと」
代表　佐藤ちと氏

佐藤ちと氏「性教育いらすと」
より　@sato_chito_/X

①性やジェンダーをテーマにした教材作成に利用しやすいイラスト素材
　を探してみよう。その際は、利用規約を遵守しよう。
②①で探したイラスト素材を利用して、どのような授業を計画するとよ
　いだろうか。学年、テーマ、授業展開など、具体的に考えてみよう。
2．トイレや制服などから「多様性」実現の工夫について考えてみよう。
　近年、性的マイノリティにも配慮した「ジェンダーレストイレ」など
　の取組が進んでいる。その一方で、それらの取組を悪用した犯罪を危
　惧する声も少なくない。
　そこで、性的マイノリティでも、そうでなくても、どのような立場の
　児童生徒でも、安全に、そして安心して利用できる工夫の事例を3つ
　探してみよう。トイレや更衣室、部活動、制服、行事、その他、どの
　ような場面でも構いません。実際に行われている工夫の事例を3つ探
　し、その概要と感想をまとめてみよう。

📋 読んでみよう

1．遠藤まめた『先生と親のためのLGBTガイド　もしあなたがカミング
　アウトされたなら』合同出版、2016。
2．木村涼子「日本の教育におけるジェンダー平等の過去・現在・未来─
　中等教育に着目して」『学術の動向』27巻、10号、2022年、68〜75
　ページ。
3．佐藤ちと「性教育いらすと無料イラスト素材集」
　【公式ホームページ】https://seikyouiku-illust.com/

【引用・参考文献】

・文部科学省『性同一性障害や性的指向・性自認に係る、児童生徒に対するきめ細かな対応等の実施について（教職員向け）』、2016年。
（https://www.mext.go.jp/b_menu/houdou/28/04/__icsFiles/afieldfile/2016/04/01/1369211_01.pdf）

・遠藤まめた『先生と親のためのLGBTガイド もしあなたがカミングアウトされたなら』合同出版、2016年。

・木村涼子「日本の教育におけるジェンダー平等の過去・現在・未来―中等教育に着目して」『学術の動向』第27巻第10号、2022年、68～75ページ。

・文部科学省『いじめの防止等のための基本的な方針』、2017年。
（https://www.gender.go.jp/policy/no_violence/seibouryoku/pdf/policy_02.pdf）

・文部科学省『生命の安全教育指導の手引き』、2020年。
（https://www.mext.go.jp/a_menu/danjo/anzen/assets/file/20231113-ope_dev03-1.pdf）

・内閣府「性犯罪・性暴力対策の強化の方針」性犯罪・性暴力対策強化のための関係府省会議，令和2年6月11日、2020年。
（https://www.gender.go.jp/policy/no_violence/seibouryoku/pdf/policy_02.pdf）

・文部科学省『生徒指導提要（改訂版）』、2022年。
（https://www.mext.go.jp/a_menu/shotou/seitoshidou/1404008_00001.htm）

・厚生労働省『自殺対策総合大綱～誰も自殺に追い込まれることのない社会の実現を目指して～』、2012年。
（https://www.mhlw.go.jp/file/06-Seisakujouhou-12200000-Shakaiengokyokushougaihokenfukushibu/0000172329.pdf）

・西野明樹『成長を見守り支えるための本 子どもの性同一性障害に向き合う』日東書院、2018年。

・TOTO株式会社、株式会社LGBT総合研究所協力「2018年性的マイノリティのトイレ利用に関するアンケート調査結果」、2018年。
（https://jp.toto.com/ud/summary/post08/report2018.pdf）

第 *13* 章

発達障害・精神疾患

田中 謙

『生徒指導提要（改訂版）』では、第13章に「多様な背景を持つ
児童生徒への生徒指導」が設けられ、改訂前の『生徒指導提要』
に比して、発達障害や精神疾患等に関する記述が大幅に増加され
た。このことは、今回の『生徒指導提要（改訂版）』において、
発達障害や精神疾患等のある児童生徒への支援がより重要視され
ていることを意味する。
　本章では、まず生徒指導における発達障害や精神疾患等のある
児童生徒への支援が取り上げられる背景について説明した上で、
その特徴と支援におけるポイントについて、解説していくことと
する。

1 改訂の背景

　まず今回の『生徒指導提要（改訂版）』において、発達障害や精神疾患がク
ローズアップされた背景として、大きく２点挙げることができる。一点目は、
障害者支援の充実を図るための社会システム整備を推し進める国際的な動向で
ある。平成18（2006）年12月13日、第61回国連総会において、障害者権利条約
と同選択議定書が採択され、日本も平成19（2007）年９月28日に条約署名、平
成26（2014）年１月20日に批准書寄託を行い、同年２月19日から国内で条約発
効がなされた。障害者権利条約では、第24条教育において、「個人に必要とさ
れる合理的配慮が提供されること」等が規定されており、小学校、中学校、高
等学校、特別支援学校等においては、生徒指導に関しても合理的配慮が行われ
ると解されている。また、平成27（2015）年９月25日に国連サミットで採択さ
れた「持続可能な開発のための2030アジェンダ」、いわゆるＳＤＧｓでも、目
標４「万人への質の高い教育、生涯学習」の中で、障害者の教育アクセスの保
障が示されている。これらの国際的な動向を受け、日本では「障害を理由とす
る差別の解消の推進に関する法律」（障害者差別解消法：平成25（2013）年６
月19日法律第65号）等、法整備を図っていった。『生徒指導提要（改訂版）』で
も、この障害者差別解消法の趣旨に則り、生徒指導における具体的な合理的配

慮が示されることになったのである。

　二点目は、通常の学級での発達障害や発達障害が疑われる児童生徒に対する生徒指導の充実の必要性が年々高まってきているという臨床的な要因である。障害に関して、令和4（2022）年12月13日に文部科学省が示した「通常の学級に在籍する特別な教育的支援を必要とする児童生徒に関する調査」では、小学校、中学校等学級担任等が回答した「知的発達に遅れはないものの学習面又は行動面で著しい困難を示す」とされる児童生徒は、推定値8.8%と示された。この数値にあらわれるように、今日の多くの学校においては、特別な教育的支援を必要とする児童生徒の支援充実が通常の学級や特別支援学級でますます求められており、生徒指導上の支援に関わる基本的方針をより明確に示すことが学校現場から求められているのである。

　精神疾患に関しては、明確な統計データは示されていないものの、平成28（2016）年7月の文部科学省不登校に関する調査研究協力者会議「不登校児童生徒への支援に関する最終報告〜一人一人の多様な課題に対応した切れ目のない組織的な支援の推進〜」の中で、不登校のきっかけの一つである「病気」の一つとして心の健康、メンタルヘルスの観点からケアの充実が求められている。

　少なくともこの国内外の動向や要因から、今日の学校現場においては、発達障害や精神疾患のある児童生徒に対する支援は臨床上の重要課題であり、生徒指導においては、発達障害や精神疾患への適切な対応を通して、よりよい学校づくりを進めていくことが求められている。

2　発達障害・精神疾患

（1）発達障害

　発達障害の定義は『生徒指導提要（改訂版）』269ページに示されているが、この発達障害の定義は「脳機能の障害」[1]「症状」とあるように、個人の心身機能に起因すると考える「医学モデル」に基づいている。その一方で、発達障害

者の定義には「発達障害がある者にとって日常生活又は社会生活を営む上で障壁となるような社会における事物、制度、慣行、観念その他一切のもの」を意味する「社会的障壁」という社会における種々の環境が障害となるという「社会モデル」の考え方が示されている。発達障害者支援法第2条第2項第2号では、発達障害者の支援は、「社会的障壁の除去に資することを旨」として行われることが規定されており、生徒指導においても、発達障害のある児童生徒の支援では、社会的障壁となりうる環境への働きかけを行うという視座から、具体的な支援内容・方法を検討することが求められる。

　上述のように発達障害者支援法による「障害」の定義がなされているものの、「障害」には共通した定義はないため、教育、福祉、心理、保健、医療等各領域でその定義や対象の範囲が異なる。例えば限局性学習障害（ＳＬＤ）の場合、心理学領域等では「ＬＤ」を「Learning Disability」と学習上の「障害」ととらえる視点があるものの、教育領域では「Learning Differences」と「（学習方法の）違い・多様性」と捉える視点が求められることがある。これは、教育領域では「障害」を当事者に起因すると捉えるのではなく、社会において当事者の「特性」に環境が対応していないため生じる「（学習方法の）違い・多様性」という可能性があると理解することに由来するものである。

　そのため、生徒指導における発達障害は、発達障害者支援法に基づく定義をふまえつつも、「医学モデル」に基づき障害があることを障害と捉えるのではなく、障害に基づく特性等に対して社会、環境が対応できない時に障害となる可能性があることを理解する必要がある。この視座から考えると、障害は「社会がつくり出す」特性を有するといえ、実際に発達障害の診断のある児童生徒に関しても、周辺環境の調整等により、豊かな学校生活を送ることが可能である。したがって、発達障害の理解には児童生徒一人一人に応じた理解が求められ、医療的な診断（名）に依存した障害理解の危険性に関しても理解が求められる。その上で、障害理解とともに児童生徒一人一人の特別の教育的ニーズ（Educational Special Needs：ＳＥＮ、支援ニーズ）を理解する必要がある。以下、発達障害を理解する時のポイントについてまとめる。

①認知機能の障害により精神・心理面での障害が顕著となりやすい

②外見上障害が目立ちにくい

③当事者自身が障害を認識することが困難である場合が多い（ただしPDD-NOS等は他者との違いを認識可能しやすい）

④障害の種類を明確に分けて診断することが困難であり、複数の障害特性が重なり合う場合が少なくない

⑤年齢や環境により行動等目立つ症状や特性が変化・変容する（見える）

⑥診断された時期により、診断名が異なる場合がある

⑦発達障害の傾向とは「診断名」がつく当事者に多く見られる特性であるものの、一人一人特性のあらわれ方が異なる

⑧当事者を取り巻く環境により、日常生活や社会生活上の「快適さ」「困難さ」が変化する。特に生活範囲の拡大に伴う「不利な条件」が増加しやすい

⑨特性は「克服」するのではなく、環境調整の中で特性を伸ばして日常生活や社会生活で能力を発揮していくように促していく

⑩タイプ別で有効な支援方法が確立するという方程式は成立しない

（2）精神疾患

　精神疾患に関しては、明確な法律による定義はないものの、世界保健機関（WHO）による国際疾病分類第11版（ICD-11）の第6章「精神、行動又は神経発達の障害」に挙げられる疾患が主な対象となる。精神疾患は、例えば疾患群別では「統合失調症または他の一次性精神症群」「不安または恐怖関連症群」「強迫症または関連症群」「食行動症または摂食症群」等が挙げられ（松本、2021）、具体的に学校現場では、心身症、身体症状症（身体表現性障害）、不安神経症（不安障害、強迫性障害等）、気分症群（うつ病、躁うつ病）等のある児童生徒の事例が確認できる。

　学齢期児童生徒の精神疾患に係る精神面や行動面の課題に関しては、思春期以前の場合は、落ち着きのなさ、情緒不安定、仲間関係のトラブル、場面緘黙等発達障害に関連する困難さの状態を示す児童が多いと考えられる。一方で思春期以降になると、心身症、身体症状症、不安神経症、気分症群等の診断基準

を満たすような症例が徐々に確認されていく。しかしながら、年齢発達段階に限らず、精神面の課題は当事者の自覚症状がなく身体症状等が進行し、急激に悪化したような症状が見られる症例も存在する。また、行動面の課題は当事者である児童生徒が言語化できない状態が生じ、行動面の課題が精神面でも負担となって相関的に悪化する症例も確認される。後者に関しては、公益社団法人日本精神保健福祉士協会分野別プロジェクト「子ども・スクールソーシャルワーク」編（2020）の「思春期好発病態の発現年齢」が参考となるため、併せて確認することが望ましい。

　学齢期児童生徒の精神疾患に関しては、家庭等での養育状況から生じる愛着障害（特定の養育者との愛着関係、信頼関係が構築されないことに起因して生じる精神面や対人関係等の課題）や、小児（児童期）統合失調症等発達障害との鑑別が困難な事例、両方を併せもつ事例も確認される。さらに、思春期早発症・遅発症、男性型多毛症、無毛症、手掌多汗症、尋常性ざ瘡（ニキビ）等、外見に症状があらわれやすい疾患を有する場合も、精神的負担等から精神面での不安定さが生じやすい傾向にあると考えられる。それに加えて、第二次性徴に伴うホルモン分泌の影響（ホルモンバランス）により、精神面での不安定さが生じることも学齢期においては珍しくない。つまり、学齢期児童生徒の精神疾患に関しては、多様な要因からなる発症リスクが存在するため、生徒指導上、丁寧なケアが求められる。

　以下、精神疾患を理解する時のポイントについてまとめる。

①精神疾患の要因は多様で、複数の要因が関連し合う複雑系の特徴を有する
②学齢期児童生徒の場合、精神疾患の自覚症状がなかったり、不調を言語化しにくかったりする症例が確認される
③発達障害を併せもつ症例も確認されている
④養育環境との関連御視野に入れる
⑤外見から精神疾患と見抜くことは難しい
⑥精神疾患対策では発症する前のケア（予防）が重要となる

⑦精神疾患は罹病期間が長期化傾向にあり、そのため生活課題が生じやすい

⑧一度改善が見られても、再発リスクが高い

　なお、ＩＣＤ-11では、発達障害も第6章「精神、行動又は神経発達の障害」に分類されている。また、発達障害という名称も、障害という用語のもつ不可逆性のイメージを避けること等を意図して、近年では、神経発達症の名称を併用することが多くなってきていることにも留意したい。

3　発達障害のある児童生徒に対する生徒指導のポイント

　発達障害のある児童生徒に対する生徒指導のポイントとして、まず今回の『生徒指導提要（改訂版）』で、生徒指導が「社会の中で自分らしく生きることができる存在へと児童生徒が、自主的・主体的に成長や発達する過程を支える教育活動」と位置付けられていることを理解することが必要となる。つまり生徒指導は、児童生徒が「社会の中で自分らしく生きる」ため、「自主的・主体的に成長や発達する過程を支える」という個々人の尊厳や自己選択を重んじた営みであるとされている。そのため、生徒指導においては「多様な背景をもつ」児童生徒の背景をふまえ、自主的・主体的な学校生活を送ることができるような環境整備に努めていくことが求められるのである。

　この前提のもと、『生徒指導提要（改訂版）』では、学習上又は生活上の困難を改善・克服するための合理的配慮として、次の4点が示されている（文部科学省編、2022、269ページ）。

（1）困難さに対する個別的な配慮

　まず、「読み書きや計算、記憶などの学習面の特性による困難さ、及び不注意や多動性、衝動性など行動面の特性による困難さ、対人関係やコミュニケーションに関する特性による困難さに対する個別的な配慮が必要になります」と示されている。例えば注意欠陥多動性障害の場合、「早合点やうっかりミス、

不注意な誤りによる失敗」の経験が多くなりやすいことが指摘されている（文部科学省編、2022、271ページ）。具体的な場面をいくつか例示して考えてみると、次のような場面での課題（学校生活上の「困り感」）が生じることが起こりえる。そのため、発達障害の当事者である児童生徒と、事前および事中（対応が必要な場面が生じた時）の対策を講じておくことが、合理的配慮例として考えられる。

①教師や仲間との会話中に目に入った通行人や移動物が気になることで、会話の内容が理解できなくなったり、誤認したりする
　⇒当該児と応対する教師や児童生徒が壁等視覚刺激の少ない背景に立つ等
②部活動等の校外活動時に、「○○東」と「○○西」のように類似した集合場所を誤認する
　⇒当日にリマインドを送る、間違えた場合の対処方法を予め確認する等
③授業中に離席して動きまわる、静かに課題に取り組む時間に周囲の仲間と話し始める
　⇒授業配布物の配布補助を依頼する等合理的に離席できる状況をつくり出す、仲間から課題への着手を促すように事前に依頼する、課題の取組むための具体的なタスクを明示する等
④対策を講じないで（事後を考慮しないで）、部活動やアルバイト等を無断欠勤・退部（退職）する
　⇒部活動やアルバイト等の開始時に参加可能なスケジュールをあらかじめ編成する等

　これらの合理的配慮に共通するのは、事前に合意形成を図るとともに、周囲の理解を得られる環境を構成することと、多様な選択肢を用意して選択の幅を広げておくことである。発達障害のある児童生徒に対する生徒指導においては、自主的・主体的な選択が可能となるように、自主的・主体的な選択に必要な周囲の支援を求めること（支援希求（行動））を苦手とする発達障害のある児童生徒も少なくないため、必要な支援に対して周囲から理解を得られるように、事前対策がポイントとなる。また、画一的な選択肢のみが提示される場面を減らすことが一つのポイントとなる。

（2）学習内容の変更・調整、ＩＣＴ等活用等

次に、「学習内容についての変更・調整をしたり、ＩＣＴ等を活用するなどして情報提供やコミュニケーション、教材等への配慮、体験的な学習の機会を設けたりすることなどが考えられます」と示されている。

例えば学習障害の場合、「課題は理解できても、学習の取組に成果を上げることに困難」があり、「できることと難しいことのギャップが大きい」等の特徴があるため（文部科学省編、2022、271ページ）、具体的な場面で次のような課題が生じる。

①先天性（生まれつき）のため、学習・生活上の課題（困り感）を当事者自身も表現しにくい（他者との「違い」に関する自己認識が困難）
　⇒児童生徒の観察記録と、個別指導、カウンセリング時の当事者からの聞き取りを組み合わせて、支援内容を提示、実行する等
②学習成果が上がりにくいことにより「学習性無力感」が生じやすい
　⇒プリントのファイリングや学習到達度チェックシートの活用等による学習成果の可視化、学習到達目標の自己決定等
③当該児への合理的配慮に対する周囲の理解が得られにくい（周囲からは当該児が特別扱い（「えこひいき」）されているように見えやすい）
　⇒障害理解教育の実施、合理的配慮に関する説明等

ＩＣＴ等の活用に関しては、視覚情報優位の場合、聴覚情報処理に課題が生じることが多く、教師の口頭による授業解説等を理解するのが困難な場面が生じる。そのため、板書だけでなく、プレゼンテーションソフトを使用して要点を文字化する、電子黒板やスクリーンに表示する方法が有効となる。その際、音声情報を文字化する翻訳ソフトを使用することも有効と考えられる。さらには、チャットボット（自動会話プログラム）を用いて学習内容を要約する作業を経ることで、提示された課題内容を理解できる学習障害児も少なくない。

ＩＣＴ等の活用に関しても、公平性や機器管理上の課題から、合理的配慮に際して使用する上で躊躇する場面も現状少なくない。しかしながら、ＩＣＴ等の機器は発達障害当事者にとっては、眼鏡等と同様の日常生活を支える用具と

しての性格を有する。またＩＣＴ等の活用は、特定の場面を除き、学校や教職員等に過度の負担を課すものではない。そのため、ＩＣＴ等の活用は、当事者の学習機会の保障や体験・経験の保障に資するツールであるという認識を学校内で共有していくことが望ましい。

（３）心理面・健康面の配慮

　三つ目に、「また、失敗経験の繰り返しによる意欲の低下や対人関係でのトラブル等による二次的な問題を防ぐためには、心理面、健康面の配慮も大切になります」と示されている。

　例えば、自閉症の場合、「相手の気持ちを推し量ることや自分の言動の周りへの影響を把握すること」の難しさ、「暗黙の了解や例え話、遠回しの表現など抽象度が高い内容の理解」の困難さ、「先の見通しをもてないことへの不安」の強さ等が特徴として挙げられる（文部科学省編、2022、271ページ）。発達障害児の場合、これらにより生じる負担等を起因として、暴力行為や不登校等の学校生活上の二次的な問題が生じやすい。また、不安障害や睡眠障害等の精神疾患等を併有するリスクも高まると考えられている。

　そのため、合理的配慮を通して安定した学校生活を送ることができるように環境整備を図るとともに、学校生活の質の向上を図る上では、特に心理面、健康面の配慮に留意する必要がある。例えば学校生活における仲間関係では、共通のコンテクストを有する集団の場合、情報を省略して会話を成立させようとする等のコミュニケーションにおいて、ハイコンテクスト（コンテクスト依存：背景文脈依存度が高い状態）が生じやすくなる。これはＳＮＳ（Social Networking Service）等でのコミュニケーション時には、特に生じやすい。しかしながら、発達障害児の場合、ハイコンテクストのコミュニケーションに苦手さを感じる児童生徒が多いと考えられる。このことから、コミュニケーション時にコンテクストに関わる前提条件を示す、つまりローコンテクストを意識することで、負担を小さくすることが可能となる。このようなローコンテクストでのコミュニケーションは、将来的に企業での営業活動や契約等に関わるコミュニケーション能力の育成からも有意義である。

　具体的な場面に即すと、例えば部活動において「1年生は○○しなければならない」等は、ハイコンテクストの指示であり、合理性の観点からも当事者には理解が困難な場面が生じやすい。仮に1年生が「○○」に取り組む必要がある場合は、それらのアンリトゥンルール（Unwrittenrules）を明文化し、説明することでトラブルを回避できる可能性が高まる。このような作業は、アンリトゥンルール（Unwrittenrules）の必要性を見直す契機にもなり、風通しの良い組織づくりにも効果的である。

（4）学級づくり

　最後に、「特定の児童生徒に対する合理的配慮を学級集団の中で提供するためには、合理的配慮を特別視せずにお互いを認め合い支え合う学級づくりを行うことが重要な基盤になると考えられます」と示されている。

　（1）〜（3）に示したとおり、合理的配慮等に学級で取り組むためには、発達障害当事者による気づきを学級づくりとその経営、ひいては学校づくりとその経営に積極的に取り入れることである。発達障害当事者による学校や学級での生活のしやすさ・しにくさに関する情報は、改善に資する貴重な情報資源である。発達障害当事者に聞き取り調査等を進め、その情報を活用することで、生徒指導における予防的対策も施策しやすくなる。もちろんこの点は、発達障害当事者だけでなく、外国にルーツのある児童生徒等を含む全ての児童生徒に共通するものである。児童生徒当事者から得られる情報、言い換えれば声を、学校、学級経営に資源として活用していくことが、生徒指導を進めていく上で有効な手法であるといえる。

4　精神疾患に関する生徒指導のポイント

　『生徒指導提要（改訂版）』では、主な精神疾患の例として、「うつ病」「統合失調症」「不安症群」「摂食障害」が挙げられている。これらの精神疾患に関する生徒指導のポイントとしては、「日頃から、その人の性格や特性といったその人らしさをよく知って」おいた上で「その人らしさと違ったことが出てきた

場合に注意する」ことが示されている（文部科学省編、2022、275ページ）。

　精神疾患に関しては、まず心身の健康を保持するために、基本的生活習慣の確立を幼児期から継続させていくことが肝要である。特に健康的な睡眠習慣と、バランスの取れた朝食の摂取に重点を置き、学校保健安全管理に努める。その際、家庭での養育上の課題が生じやすい、ハイリスク家庭で生活する児童生徒に関しては、この２つが乱れやすいと言われている。そのため、予防的対応を進めるとともに、状況に応じて民生委員・児童委員や子ども家庭支援センター等関係機関と連携して、情報共有や適切な福祉サービスの利用等が可能となるように、事前の対策を講じることが望ましい。

　その中で心身症に関しては、要因は心理社会的ストレスであるため、このストレッサーの軽減が予防においても、治療においても重要となる。この心理社会的ストレスは、小学校から中学校への移行、部活動加入等の社会環境変化をはじめ、梅雨時期や夏季等の自然環境変化によっても生じるため、適宜休息等を取り、早期のストレスマネジメントに取り組むことがポイントとなる。生徒指導の観点からは、教育相談の機会を学校側から働きかけるとともに、ストレスコーピング実践に取り組む機会も設けたい。

　身体症状症に関しては、当事者の自己認識が大きな影響を与えるが、その自己認識には、社会における多様な情報、価値観が関与する。例えば醜形恐怖症（身体醜形障害）は、自己の軽微な外見上の欠点や存在しない外見上の欠点等身体的特徴にとらわれることで、心理的な苦痛や社会生活上の機能低下が生じる疾患である。この疾患の要因につながる価値観には、「二重の方が望ましい」「痩せている方が好まれる」「『ムダ毛処理』をしなければならない」等、特定の価値観の影響を受けるものが少なくない。生徒指導の観点からは、道徳教育と連動した価値観の多様性や他者尊重に係る教育実践を推し進めることが望ましい。

　不安神経症に関しては、特に他者の注目を集める、人前で注目される場面等が大きなストレッサーとなりやすく、赤面恐怖や視線恐怖等が生じやすくなる。これらの場面は、今日「主体的・対話的で深い学び」の実現を目指して取

り組まれるプレゼンテーション学習等では生じやすいため、授業では、学習成果の到達のみならず、当該児童生徒に対する合理的配慮も組み込んだ授業デザインが求められる。生徒指導の観点からは、学習における主体性や対話の評価に関しては、大衆の前でのプレゼンテーション等の場面における評価だけでなく、非対面の学習場面での評価にも取り組むことが求められる。

　また、精神疾患に関連して、近年起立性調節障害（ＯＤ：Orthostatic Dysregulation）により、学校生活の安定が保ちにくい児童生徒の事例（症例）報告が増加傾向にある。起立性調節障害は、自律神経の機能不全（機能低下）により、体位変動を代償する調節機構に不調が生じ、起立時のめまい、動悸、失神、さらには倦怠感、頭痛等の症状を発する疾患である。起立性調節障害のある児童生徒の場合、起床から活動開始までに数時間単位を必要とする症例も少なくなく、日内変動（午前中に症状が重いケースが多い）、季節性変動（季節の変わり目や春秋に症状が重いケースが多い）も生じやすい。さらに睡眠障害、過敏性腸症候群等併存疾患も生じやすい。そのため、遅刻や欠席が生じたり、学習意欲の低下が生じたりする。また学校生活が不安定となることで、仲間関係にも課題が生じやすくなる。起立性調節障害の場合、薬物療法の効果が十分に得られない症例も多いため、中・長期的な支援を家庭と医療機関、学校とで連携して行う必要がある。特に心因性ストレスが症状を悪化させやすいため、遅刻・欠席に対する生徒指導には留意が必要であり、午後からの登校を容認し、教育課程・学習内容を調整する、家庭での学習やオンライン学習を併用する等、当事者の希望に沿った学習環境整備に重点的に取り組むことが望ましい。

　精神疾患に関する生徒指導では、学校生活に関わる困難さや負担感は当事者でも自覚や表現が困難なため、安心して療養できるように当事者のニーズに応じて学校生活をデザインする必要がある。

5 まとめ

　『生徒指導提要（改訂版）』では、今日の生徒指導において本章で記したよう

に、発達障害や精神疾患等のある児童生徒の学校生活におけるウェルビーイング（Well-being）を高めていく営みに、学校全体で取り組む必要性があることを述べている。そのための学校戦略として、本章では、周辺環境の調整等のポイントを示した。発達障害や精神疾患等のある児童生徒一人一人の学校生活におけるウェルビーイング（Well-being）を高めていくためには、学校や教職員のみで基礎的環境整備や当該児童生徒への合理的配慮の提供に取り組むのではなく、一人一人の児童生徒が参画した学校づくりや学校の仕組みづくりが求められる。換言すれば、全ての児童生徒一人一人の学校生活におけるウェルビーイング（Well-being）を高めていく営みが求められる。

　その際に、児童生徒、教職員等の学校の構成者は、人間の相互作用を形づくるために創出された制約条件、つまり行動の際の指標、価値軸となるルールが示されると、それを一つのよりどころとすることができる。その典型例としては、校則・学則が挙げられよう。ルールとは、一見すると人々の行為行動を規制する枠組みとして機能すると捉えられるが、枠組みが機能することで一人一人の権利が保護されたり、学習等の学校生活の安定がもたらされたりするメリットが生じる。発達障害や精神疾患等のある児童生徒の場合、このルールが当事者にとって規制機能が強く作用することで、ストレッサーとなる可能性が高いことを、本章では述べてきた。

　そのため、『生徒指導提要（改訂版）』に基づく今後の生徒指導においては、いかに発達障害や精神疾患等のある児童生徒が当事者として、学校のルールづくりに参画し、ウェルビーイング（Well-being）を高めていくことが可能となるような周辺環境の調整等に関与することができるかが大きなカギとなる。本書のほかの章と本章を合わせて読み込むことで、一人一人の児童生徒のウェルビーイング（Well-being）を高める生徒指導実践をイメージできるようになることを望む。

【注】

1）この「脳機能の障害」（脳機能障害）とは、①脳に器質的病変が生じ損傷が起き

ていることにより、言語・思考・記憶・行為・学習・注意等知的機能（認知機能）に障害が起きた状態であり、②認知機能障害により日常生活や社会生活に制約（困り感）が生じた状態を意味する。

❓ 考えてみよう

1. 小学校、中学校、高等学校における発達障害の児童生徒も参画した校則・学則づくりの場の設定と運営方法について、どのようなデザインができるのかを考えてみよう。
2. 精神疾患のある児童生徒が学校生活を送りやすくするための環境について、学校と児童生徒が協働して整備する際のポイントとともに考えてみよう。

📋 読んでみよう

1. いるかどり『子どもの発達障害と環境調整のコツがわかる本』ソシム、2023年。
2. 野田哲朗監修・山蔦圭輔・大友隆之著『まるごとわかる！精神疾患ペーパーバック』南山堂、2023年。

【引用・参考文献】

・「月刊生徒指導」編集部編『生徒指導提要（改訂版）全文と解説』学事出版、2023年。
・公益社団法人日本精神保健福祉士協会分野別プロジェクト「子ども・スクールソーシャルワーク」編『児童生徒のこころとからだの支援ハンドブック―メンタルヘルス課題の理解と支援―』公益社団法人日本精神保健福祉士協会、2020年。
・松本ちひろ「ICD-11『精神，行動，神経発達の疾患』構造と診断コード」日本精神神経学会『精神神経学雑誌』第123巻第1号、2021年、42～48ページ。
・中村豊編『生徒指導提要改訂の解説とポイント―積極的な生徒指導を目指して―』ミネルヴァ書房、2023年。
・文部科学省『生徒指導提要』、2022年。
（https://www.mext.go.jp/a_menu/shotou/seitoshidou/1404008_00001.htm）

第 **14** 章

外国ルーツの子どもたち

劉 麗鳳

この章では、多様な背景をもつ児童生徒として、外国ルーツの子どもを取り上げる。日本社会には多くの外国ルーツの子どもが生活しながら、日本の学校に通っている。しかし、かれらがどのような状況に置かれ、どんな「生きづらさ」や困難を抱えているかはあまり知られていない。本章では、日本の学校に通う外国ルーツの子どもの教育課題として言語問題、高校進学、学校適応の３つを取り上げて、かれらの家庭背景をふまえながら説明する。本章を通して、外国ルーツの子どもたちが置かれている状況を深く理解するための視点を学んでほしい。

1 はじめに

まずは、こちらの新聞記事を読んでみてほしい。

> 　外国人が多く住む25市町の公立小中学校に通う外国籍の子どもの5.37％が、知的障害がある子らが学ぶ「特別支援学級」に在籍していたことが、文部科学省への情報公開請求などで判明した。25市町の全児童生徒のうち、特別支援学級に在籍しているのは2.54％で、外国籍の子どもの在籍率は２倍超に達していた。専門家は、「日本語が理解できないため知能指数（IQ）検査の結果が低く、知的障害などと判断された可能性がある」と指摘している。

　これは、2019年８月31日の毎日新聞に掲載された記事である。記事にあるとおり、日本人児童生徒に比べ、外国籍児童生徒の特別支援学級在籍率が２倍以上高く、その背景には日本語理解が不十分であることから、知的障害が疑われていることが挙げられている。外国籍児童生徒の特別支援学級在籍率の高さは、近年になり注目を集めているが、ボランティア団体など、現場で学習支援に携わる者であれば、意外なことではない。なぜ、このような事態が起きているのか。

　『生徒指導提要（改訂版）』の13章では、「多様な背景を持つ児童生徒への生徒指導」を扱っているが、その中で本章では、外国ルーツの子どもを取り上げ

る。具体的に、外国ルーツの子どもがどのような「生きづらさ」や困難を抱え、その背景に何かあるかについて説明する。

2 日本社会で暮らす外国ルーツの子どもたち

　日本社会で暮らしている外国人の総数は、新型コロナウィルスの影響により一時的に減少していたが、2022年には307万5213人となっており、過去最多を記録している（**図14-1**）。この数字は、日本の総人口のうち、外国籍者が2.4%を占めることを意味する。在留者数の上位5か国は、中国（761,563人）、ベトナム（489,312人）、韓国（411,312人）、フィリピン（298,740人）、ブラジル（209,430人）の順となっている。

　このように、日本社会には多くの外国人が暮らしているが、かれらの子どもたちもまた日本社会で生活し、日本の学校で学んでいる。いくつかのデータから、その全体像を見てみよう。

　文部科学省が実施している「日本語指導が必要な児童生徒の受入状況等に関する調査」がある。この調査によれば、日本の公立学校に通う日本語指導が必要な児童生徒数は、過去10年間で増加の一途をたどっている。令和3（2021）年度の調査では、日本語指導が必要な外国籍児童生徒は47,619人であり、日本

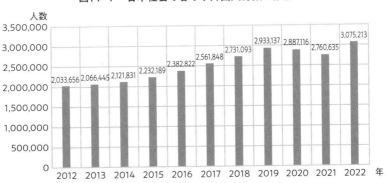

図14-1　日本社会で暮らす外国人総数の推移[1]

図14-2　日本語指導が必要な児童生徒数の推移[2]

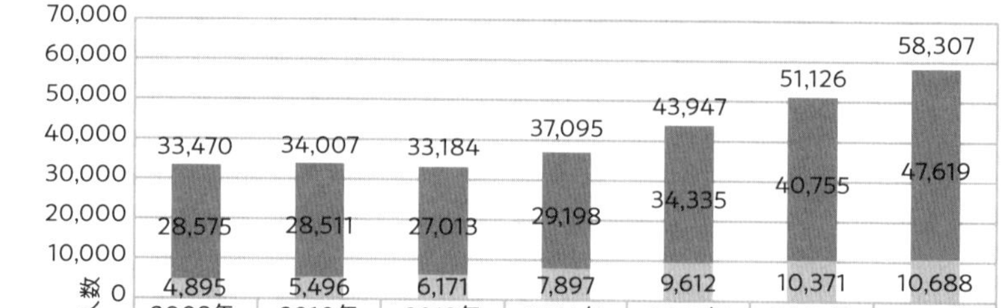

	2008年	2010年	2012年	2014年	2016年	2018年	2021年
外国国籍	28,575	28,511	27,013	29,198	34,335	40,755	47,619
日本国籍	4,895	5,496	6,171	7,897	9,612	10,371	10,688
合計	33,470	34,007	33,184	37,095	43,947	51,126	58,307

■日本国籍　■外国国籍

語指導が必要な日本国籍児童生徒数の10,688人を合わせると、計58,307人と過去最多を記録している（**図14-2**）。

　上記の統計データは、日本語指導が必要な児童生徒のみをカウントしたものだが、そうではない児童生徒を含めると、その人数はさらに多い。また、**表14-1**に示したように、令和3（2021）年度の「学校基本調査」によれば、小学校～高等学校に在籍している外国人児童生徒は120,318人であり、そのうち公立学校に通っている者は112,710人に上る[3]。

表14-1　令和3（2021）年度外国人児童生徒数

学校種別	国立（人）	公立（人）	私立（人）	合計（人）
小学校	89	74,683	825	75,597
中学校	35	28,101	1,255	29,391
高等学校	19	9,926	5,385	15,330
合計	143	112,710	7,465	120,318

　少し余談になるが、日本社会で暮らす外国ルーツの子どもについて、さまざまな呼称が使われている。よく使われるものとして、①「外国籍の子ども」、②「外国人の子ども」、③「外国につながる子ども」、④「外国ルーツの子ども」あるいは「外国にルーツをもつ子ども」などがある。これらの呼称の違いについて、①②は当該の子どもの国籍が外国籍の場合を指すことが多いのに対し

て、③④は外国籍のみならず、日本国籍を取得している子どもも含まれている。すなわち、③④では対象とする子どもの範囲が広く、教育現場でもよく使用されている。本章では、対象を広く捉えるという意図から、「外国ルーツの子ども」を用いる[4]。

　外国ルーツの子どもの多様性は、その呼称だけではない。来日時期や滞日期間、エスニシティ、来日経緯、両親の学歴や職業なども非常に多様である。例えば、日本で生まれ育ち、日本人の子どもと同様に日本語を話し、振舞っているように見える子どもがいる一方、日本に来たばかりで日本語が話せない子どももいる。また、両親がともに外国出身の家庭もあれば、両親のどちらかが外国出身の家庭（例えば、国際結婚家庭）もある。さらに、親が留学生など、日本の学校で学ぶ経験をもち、日本の教育制度に詳しい家庭もあれば、そうではない家庭もある。

　このように、外国ルーツの子ども本人の状況や家庭背景は非常に多様であるため、学校や教師はその国籍、来日の時期や経緯、家庭背景などの基本情報を丁寧に把握しておくことが大切である。

3　外国ルーツの子どもの教育課題

　前章で見てきたように、日本社会には多くの外国人や外国ルーツの子どもが生活している。しかし、外国ルーツの子どもたちには就学義務がない。「日本国憲法」第26条１項では、「すべて国民は、法律の定めるところにより、その能力に応じて、ひとしく教育を受ける権利を有する」と定め、さらに２項では「すべて国民は、法律の定めるところにより、その保護する子女に普通教育を受けさせる義務を負ふ。義務教育はこれを無償とする」と明記している。このように「日本国憲法」において、教育を受ける権利と就学義務は「国民」に限定されており、日本国籍をもたない外国ルーツの子どもは、その対象から除外されている。ただし、日本は「国際人権条約」（1979年批准）や「子どもの権利条約」（1994年批准）に批准しているため、入学を希望する外国ルーツの子

どもの場合、日本の学校で学ぶことができる。このように、外国ルーツの子どもの就学は「義務」ではなく、「恩恵」とされている。

　日本社会で生活する外国ルーツの子どもたちの学習権が法的・制度的に保障されていないということもあって、不就学の問題が生じている。外国ルーツの子どもの不就学問題は長い間、現場の支援者や研究者によって指摘されてきたが、実態調査は行われてこなかった。そうした中、2019年に文部科学省が全国レベルで初めて調査を行った結果、約2万人が不就学状態に陥っていることが明らかとなった。つまり、学齢期に達していながらも、どの教育機関にも通っていない外国ルーツの子どもが約2万人いるのである。なお、令和3（2021）年度の2回目の調査時には約1万人となり（文部科学省、2022）、改善傾向にあるものの、不就学状態に陥っている外国ルーツの子どもは依然として存在する。

　日本の学校に通っている外国ルーツの子どももまた、さまざまな教育課題に直面している。ここでは言語習得、高校進学、学校適応の3つを取り上げて説明する。

（1）言語習得

　私たちが使用する言語体系には、生活言語と学習言語の2種類があると言われている。生活言語とは、日常生活の場面で使用する言語能力のことである。一般的に1年〜2年で習得できるとされ、習得には深い思考力を必要としない。一方、学習言語は、授業等の学習場面で使用する言語形態であり、習得には5年〜7年かかると同時に、抽象的で分析的な思考が求められる（太田、2000）。外国ルーツの子どもの場合、日本社会での生活が長くなるにつれて生活言語を身につけても、学習言語の習得は容易ではなく、長期にわたる学習や周囲のサポートが必要である。しかし、後述するように、かれらの親たちの多くは日本語が話せず、文化的資源が乏しい家庭環境の中で、外国ルーツの子どもたちは、しばしば学習言語の習得の壁にぶちあたる。

　その結果、一見すると日本人の児童生徒と同様に日本語を話せていても、授業内容を理解できていないため学習につまずき、学業達成が難しい外国ルーツ

の子どもが多くいる。これは、学習言語を十分に習得できていないことに起因する可能性があるのだが、そのことを理解していない教師も多く、結果的に本人の頑張りが足りないと、本人の姿勢や態度に原因を求めてしまう。

　こうした言語習得の問題から派生するのは、発達障害の問題である。本章の冒頭で紹介した毎日新聞の記事のとおり、外国ルーツの子どもの発達障害の認定率は日本人児童生徒より約2倍高いのだが、その背景には言語習得の問題がある。金（2020）によれば、母国から来日した外国ルーツの子どもの日本語習得が遅れる場合、学校の教師は、言語習得の遅れの原因として発達障害を疑う傾向があるが、これは、日本生まれの子どもにも該当する。外国ルーツの子どもたちは、日本語が堪能でない親と母国語を使用して会話することが多いが、家の外（例えば、学校や地域）では日本語を使用する。そのため、家の中と外では言語環境が異なり、子どもたちは複数の言語環境の中で生活することになるが、家庭や学校で十分な支援が受けられない場合、日本語と母国語のどちらの言語も発達途中の状態になり、結果的にダブルリミテッドあるいはセミリンガルの状態に陥りやすい。こうした言語習得の問題は、外国ルーツの子どもの特別支援学級の在籍率の高さと結びついており、学業達成に困難をもたらす。

（2）高校進学

　令和3（2021）年度の「日本語指導が必要な児童生徒の受入状況等に関する調査結果」によれば、日本語指導が必要な児童生徒の高校進学率は89.9%であり、全中学生の進学率の99.2%を下回っている。また、高校に進学できたとしても、無事に卒業まで通えるわけではない。同調査では、日本語指導が必要な高校生の高校中退率が5.5%であり、前回調査の9.6%から改善されたものの、日本人高校生の中退率の1.0%を大きく上回っている。さらに、大学進学も51.8%にとどまっており、日本人生徒の73.4%と大きくかけ離れている。これらは「日本語指導が必要な児童生徒」に関する調査データである。一方、外国籍生徒全体の高校進学率を示すデータはなく、日本の中学校・高校の在籍者数をもとに推計したデータによれば、その高校進学率は50%〜60%程度とされる（日本学術会議、2020、16ページ）。高校進学率の低さの背景には、言語的ハン

ディや、言語に媒介されない学力の問題に加えて、保護者が日本の高校入試の仕組みや情報を知らないこと、また家庭の経済的負担などが挙げられる。そのため、外国ルーツの子どもの高校進学を支えるためには、子どもや保護者への支援を充実させたり、進学を制度的に保障したりする必要がある[5]。

そうした中、日本語指導を必要とする児童生徒の受入体制が整いつつある。平成26（2014）年には日本語指導が必要な児童生徒に対する「特別の教育課程」が制度化された。文部科学省によれば、「『特別の教育課程』による日本語指導は、児童生徒が学校生活を送る上や教科等の授業を理解する上で必要な日本語の指導を、在籍学級の教育課程の一部の時間に替えて、在籍学級以外の教室で行う教育の形態」である[6]。これまでも、日本語指導が必要な外国人児童生徒に対して、通常授業から取り出して指導するか、指導員が教室に入りサポートする形が取られていた。「特別の教育課程」では、日本語指導に必要な教員の基礎定数化が図れ、児童生徒18人に1人の日本語指導員が配置されることになっている。しかし、外国人集住地域では、児童生徒が通う学校に教員が加配される可能性はあるが、そうではない外国人非集住地域では、外国ルーツの子どもの数が少ないため、教員が加配されない可能性もある。もっとも、「特別の教育課程」を設置するかどうかは個々の学校（学校長）に委ねられていることから、地域や学校によって対応にバラつきが生じることが予想される。

（3）学校適応

外国ルーツの子どもたちは、どのように学校生活を過ごしているのだろうか。ここでは、いじめ問題を取り上げてそのことを考えたい。

日本の学校に通う外国ルーツの子どもは、いじめを受けやすいことが報告されてきた。例えば、ＴＩＭＳＳ（国際数学・理科教育動向調査）という小学生を対象とした国際調査結果を用いた研究によれば、日本の小学校に通う外国ルーツの児童は、そうではない児童よりいじめにあいやすく、その傾向は過去10年間改善されていない（須藤、2022）。外国ルーツの子どもがいじめにあいやすい要因として、肌の色や容姿などの外見、言語、名前などの「視覚的・聴覚的特徴」、行動様式やコミュニケーション・スタイル上の違和感をもたらす

「文化・習慣の違い」、特定のエスニシティ集団に対する「社会的ステレオタイプ」が挙げられる（児島、2021、218〜219ページ）。こうした「異質性」が学校生活で顕在化した際に、外国ルーツの子どもがいじめのターゲットになりやすい。特に、外国人非集住地域の学校に通う外国ルーツの子どもの場合、学校の中でその「異質性」が際立ちやすく、いじめにつながりやすい（劉、2017）。

　外国ルーツの子どもの「異質性」が顕在化しやすい背景には、日本の学校文化のあり方と関係する。日本の学校では、授業から行事、さらに学校生活の過ごし方まで、全員が一斉に行動することが重視される。こうした学校文化のあり方は「一斉共同体主義」（恒吉、1996）と定義されている。そのため、日本人児童生徒と同様に行動できない外国ルーツの子どもたちは、周縁化されやすく、排除や攻撃の対象とされやすい。

　また、教師の指導方法の問題もある。日本の学校教師は、日本人児童生徒と外国ルーツの子どもを区別せず、一様に平等に扱う傾向がある。子ども間の異なりを考慮せず、全ての子どもを同様に扱う「形式的平等教育」（太田、2005）の中で、外国ルーツの子どもたちがもつエスニシティ文化や価値観が学校の中で無化され、彼らが抱える「生きづらさ」や困難も不可視化されやすい。以上で述べたような日本の学校文化や教師の指導方法のあり方が、外国ルーツの子どもの学校適応における困難を生み出す一因とみることができる。

4 外国ルーツの子どもの家庭背景

　額賀（2021）によれば、日本社会で生活している外国人の家庭には、①経済的困難、②社会的ネットワークの不足、③文化的障壁の3つの困難に直面しており、こうした複合的な困難は、外国ルーツの子どもたちの教育機会に影響を与えている。外国ルーツの子どもの場合、親たちの多くは、言語を必要としない工場で非正規労働に従事している。仕事で忙しい中、親たちは日本語学習の時間や機会が限られるため、日本語がなかなか上達しない。こうした言語的制約に加え、社会的差別や偏見が向けられる中で、親たちは家庭の外とのつなが

りをつくれず、結果的に日本社会のさまざまな制度に関する情報的資源が得られない。さらに、日本の学校に通った経験がない親たちは、日本の学校生活の様子や教育制度を知らないことも多い。そのため、たとえ子どもたちが学習につまずき、あるいは学校生活において悩み事や困り事に遭遇しても、親に相談できず、結果的に学習意欲の低下に陥りやすい。

その一方、子どもたちは、親より日本語を早く身につけ、日本の生活に適応していく傾向がある。このように、日本語習得や社会適応に差が見られる中、親子間の価値観や行動様式において葛藤が生じやすく、親子関係に軋轢が生じやすい。その結果、親子間でコミュニケーションがうまく取れなくなり、家庭にも学校にも居場所がなくなる外国ルーツの子どもは、非行の道に走ることもある（清水、2006）。

ところで、外国ルーツの子どもたちは、しばしば日本語が不自由な親のために通訳している。通訳の場所も病院や区役所、学校、入国管理局など、多岐にわたる。つまり、外国ルーツの子どもたちは、親よりも早く日本の社会や文化に適応していくため、親は、重要な判断を下す際に、子どもに依存せざるを得ない。このような親子間の役割が逆転している現象は、「役割逆転」という言葉で表現されている（ポルテス・ルンバウト、2014）。この現象は、日本で暮らす外国人の家庭で普遍的に見られるものであるが、通訳を担う外国ルーツの子どもは、「ヤングケアラー」とも捉えられる。特に病院や区役所などで使用する専門用語を通訳することは、外国ルーツの子どもたちにとって荷が重い。

しかしその一方、「モノカルチュラルな教育」を特徴とする日本の学校教育制度（太田、2005）の中で、外国ルーツの子どもたちは、通訳経験を通して母国語使用の機会が増え、そのことが自己肯定感につながる側面もある。そのため、子どもたちの通訳経験を一概に否定するのではなく、かれらの母国語能力を高めるための学習機会を保障する必要がある。しかし現在、外国ルーツの子どもたちの母国語学習の機会は、制度的に保障されていない。それどころか、学校の教師の多くは、日本語を学ぶことを優先すべきと考え、家庭で日本語を使用するようにと親や子どもに要求することもある。これからは、外国ルーツ

の子どもがもつエスニック文化を大切にし、その母国語学習の機会の保障が求められる。

 5　おわりに

　生徒指導は児童生徒理解に始まり、児童生徒理解に終わると言われている。多様な背景をもつ児童生徒の生徒指導を進める際に、児童生徒理解はより一層重要であることは言うまでもない。本章で取り上げた日本の学校に通う外国ルーツの子どもたちは資源が乏しい家庭背景の中、言語習得の問題、言語問題と結びついた学業達成の難しさや学校適応の難しさなど、複合的困難を抱えているが、同化圧力が強い日本の学校においてその「生きづらさ」や困難はなかなか理解されにくい。多様な背景をもつ児童生徒の生徒理解を進める際は目に見える現象だけでなく、現象の背景にある要因や問題構造を含め理解することが重要である。

【注】
1）出入国在留管理庁「在留外国人統計」（2012〜2022）を基に筆者が作成した。
2）令和3（2021）年度「日本語指導が必要な児童生徒の受入状況等に関する調査結果」に基づいて作成した。留意しなければいけないのは、「日本語指導が必要な児童生徒」とは、「日本語で日常会話が十分にできない児童生徒、もしくは、日常会話ができても学年相当の学習言語が不足し、学習活動への参加に支障が生じている児童生徒」であると、地方自治体や学校、担当教員が認識している児童生徒である。また、公立学校に在籍していない外国ルーツの子どもは統計に含まれていない。
3）「学校基本調査」では、「外国人児童生徒」というカテゴリーを使用しているが、ここに外国籍の者のみが含まれており、日本国籍の者は含まれていない。また、高等学校については、全日制・定時制高校を含む。
4）近年では、日本社会で暮らす外国人を「移民」と捉える視点から、「移民の子ども」という呼称が広がりつつある。
5）公立高校入試では、外国ルーツの子どものための特別入学枠が設けられているが、「来日してから3年以内」など対象を制限したり、また自治体によって制度の運用や実施に違いが見られる。
6）文部科学省「『特別の教育課程』による日本語指導の位置づけ」（https://www.

mext.go.jp/a_menu/shotou/clarinet/003/1341926.htm）

❓ 考えてみよう

1. 外国ルーツの子どもは、どのような「生きづらさ」や困難を抱えているのか、それに対して学校や教師がどう対応できるか考えてみよう。
2. 外国ルーツの子どもは、なぜ学業達成上の困難を経験しやすいのか考えてみよう。
3. 同化圧力が強い日本の学校文化を変革するためには、どのような取組が可能か考えてみよう。

📖 読んでみよう

1. 荒牧重人・榎井縁・江原裕美・小島祥美・志水宏吉・南野奈津子・宮島喬・山野良一編著『外国人の子ども白書―権利・貧困・教育・国籍と共生の視点から』明石書店、2017年。
2. 額賀美紗子・芝野淳一・三浦綾希子編著『移民から教育を考える―子どもたちをとりまくグローバル時代の課題』ナカニシヤ出版、2019年。
3. 文部科学省「外国人児童生徒受入れの手引き（改訂版）」、2019年

【引用文献】

・太田晴雄『ニューカマーの子どもと日本の学校』国際書院、2000年。
・太田晴雄「日本的モノカルチュラリズムと学習困難」宮島喬・太田晴雄『外国人の子どもと日本の教育―不就学問題と多文化共生の課題』東京大学出版会、2005年、57～75ページ。
・金春喜『「発達障害」とされる外国人の子どもたち―フィリピンから来日したきょうだいをめぐる10人の大人たちの語り』明石書店、2020年。
・児島明「イントロダクション―生きられた経験としての排除」清水睦美・児島明・角替弘規・額賀美紗子・三浦綾希子・坪田光平著『日本社会の移民第二世代―エスニシティ間比較でとらえる「ニューカマー」の子どもたちの今』明石書店、2021年、211～233ページ。
・清水睦美『ニューカマーの子どもたち―学校と家庭の間の日常世界』明石書店、2006年。

・須藤康介「外国にルーツを持つ児童のいじめ被害の傾向：全国レベルの量的把握と時系列比較」『生徒指導学研究』第21号、2022年、46〜54ページ。
・恒吉僚子「多文化共存時代の日本の学校文化」堀尾輝久・久冨善之他編『講座学校6 ―文化という磁場』柏書房、1996年、215〜240ページ。
・日本学術会議「提言　外国人の子どもの教育を受ける権利と修学の保障―公立高校の『入口』から出口まで」2020年
（https://www.scj.go.jp/ja/info/kohyo/pdf/kohyo-24-t289-4.pdf）
・額賀美紗子「不可視化される移民の子どもたちの複合的困難」恒吉遼子・額賀美紗子編『新グローバル時代に挑む日本の教育―多文化社会を考える比較教育学の視座』東京大学出版会、2021年、27〜44ページ。
・アレハンドロ・ポルテス、ルベン・ルンバウト『現代アメリカ移民第二世代の研究―移民排斥と同化主義に代わる「第三の道」』明石書店、2014年。
・文部科学省「外国人の子供の就学状況等調査結果について」2022年。
・劉麗鳳「外国にツールを持つ子どものいじめ経験と教師の指導方法への示唆」『教育学雑誌』第54号、2017年、103〜114ページ。

執筆者一覧 (50音順)

内海美由紀｜日本大学文理学部非常勤講師等（第12章）

加藤　美帆｜東京外国語大学大学院総合国際学研究院教授（第6、10章）

佐久間邦友｜日本大学文理学部教育学科准教授（第9章）

田中　　謙｜日本大学文理学部教育学科准教授（第13章）

土屋　弥生｜日本大学文理学部総合文化研究室教授（第3、4章）

仲野由佳理｜日本大学文理学部非常勤講師等（第7章）

橋本　尚美｜日本大学文理学部人文科学研究所研究員（第8章）

望月　由起｜編著者（第1、2章）

山田　智之｜上越教育大学大学院学校教育研究科学校教育学系教授（第11章）

劉　　麗鳳｜編著者（第5、14章）

編著者略歴

望月　由起
（もちづき・ゆき）
日本大学文理学部教育学科教授

2004年、お茶の水女子大学大学院人間文化研究科博士後期課程単位取得満期退学。2005年、博士（学術）。横浜国立大学大学教育総合センター専任講師、お茶の水女子大学学生支援センター、昭和女子大学人間社会学部准教授等を経て、2019年より現職。

著書に『進路形成に対する「在り方生き方指導」の功罪―高校進路指導の社会学』（単著、東信堂）、『学生・教員・研究者に役立つ進路指導・キャリア教育論』（単著、学事出版）、『特別活動・総合的学習の理論と指導法』（共著、弘文堂）、『平等の教育社会学』（共著、勁草書房）など。

劉　　麗鳳
（りゅう・れいほう）
日本大学文理学部教育学科助手

2019年、日本大学大学院文学研究科博士後期課程修了、博士（教育学）。2020年より現職。

著書に『中学中退―中国農村中学校の生徒と教師のエスノグラフィー』（単著、世織書房）、『いちょう団地発　外国人の子どもたちの挑戦』（共著、岩波書店）。

教師を目指す人たちのための

生徒指導・教育相談

2024年3月16日　初版第1刷発行

編 著 者　望月由起・劉　麗鳳
発 行 人　鈴木宣昭
発 行 所　学事出版株式会社
　　　　　〒101-0051　東京都千代田区神田神保町1-2-5
　　　　　☎ 03-3518-9664
　　　　　HPアドレス　https://www.gakuji.co.jp
編集担当　二井　豪・江口真由
デザイン　松井里美
印刷・製本　研友社印刷株式会社